跨境电子商务职业教育系列教材

跨境电子商务概论

周　英　等主编

中国经济出版社
CHINA ECONOMIC PUBLISHING HOUSE
北　京

内容简介

跨境电子商务是国际贸易发展的新趋势和时代变革的新事物，本教材运用国际贸易、电子商务等相关理论和实践经验，构建跨境电子商务知识架构，重点围绕跨境电子商务的概念、发展要素的内外条件探讨六个方面的知识内容。本教材共分为六章。第一章是跨境电子商务的基本知识；第二章主要介绍跨境电子商务的运营基础体系；第三章主要介绍跨境电子商务市场运作；第四章主要介绍跨境电子商务管理体系；第五章主要介绍跨境电子商务法规环境，包括海关监管和政策以及跨境电子商务法律与政策；第六章通过跨境电子商务宏观和特色两个方面的案例，诠释了跨境电子商务发展的得与失。

本系列教材由江苏远恒教育科技有限公司出资编写。

主编简介

周英，中央民族大学经济学院国际经济与贸易教研室主任、国际商务教育中心主任，副教授。对外经济贸易大学国际经济与贸易专业博士学位。中国物流与采购联合会采购与供应链管理专业委员会委员。主要研究领域为国际贸易、国际商务、采购与供应链管理、数字经济。从事国际经济与贸易教学研究 18 年，发表论文 30 余篇，出版著作 1 部，参编教材 4 部，并参与多项国家级和省部级课题。

图书在版编目（CIP）数据

跨境电子商务概论 / 周英等主编 . -- 北京：中国经济出版社，2022.8

ISBN 978-7-5136-7015-9

Ⅰ. ①跨… Ⅱ. ①周… Ⅲ. ①电子商务－概论 Ⅳ. ①F713.36

中国版本图书馆 CIP 数据核字（2022）第 130379 号

策划编辑 余静宜
责任编辑 耿 园
责任印制 马小宾
封面设计 五色空间

出版发行 中国经济出版社
印 刷 者 北京力信诚印刷有限公司
经 销 者 各地新华书店
开 本 787mm × 1092mm 1/16
印 张 12
字 数 220 千字
版 次 2022 年 8 月第 1 版
印 次 2022 年 8 月第 1 次
定 价 58.00 元
广告经营许可证 京西工商广字第 8179 号

中国经济出版社 **网址** www.economyph.com **社址** 北京市东城区安定门外大街 58 号 **邮编** 100011

本版图书如存在印装质量问题，请与本社销售中心联系调换（联系电话：010-57512564）

写 作 分 工

周　英　统筹、编撰、统稿

王润球　拟定提纲、编撰、统稿

第一章　周　英　姚淑敏

第二章　王润球　郭雅坤

第三章　王润球　郭雅坤

第四章　周　英　韩大乐

第五章　周　英　韩大乐

第六章　周　英　姚淑敏

牟穗韬负责第一章、第二章和第三章的校对和修改；岳琳琳负责第四章、第五章和第六章的校对和修改。

目录

第一章
跨境电子商务概述

本章概要

本章主要介绍跨境电子商务的基本知识，共分为三节。第一节为跨境电子商务在传统国际贸易变革中的价值，包括跨境电子商务在国际贸易领域的发展历程以及跨境电子商务对传统国际贸易的影响与作用机理。第二节为跨境电子商务的基本概念，介绍了跨境电子商务的概念和特点以及基本分类。第三节为跨境电子商务的商业模式，介绍了三种主要的商业模式：跨境电子商务自营平台、跨境电子商务网上商店、跨境电子商务第三方平台。

学习目标

了解跨境电子商务在传统国际贸易变革中的价值，梳理跨境电子商务在国际贸易中的发展历程，了解跨境电子商务对传统国际贸易的影响和作用机理。

掌握跨境电子商务的概念及分类方法。

掌握跨境电子商务的商业模式，能够区分跨境电子商务自营平台、跨境电子商务网上商店、跨境电子商务第三方平台这三种商业模式。

第一节　跨境电子商务的产生背景及影响

一、跨境电子商务的发展历程

跨境电子商务，是指分属不同关境的交易主体，通过电子商务平台达成交易、进行电子支付结算，并通过跨境电商物流及异地仓储送达商品，从而完成交易的一种国际商业活动。

我国跨境电子商务在国际贸易领域的发展历程可以分为四个阶段：起步与准备阶段、萌芽与发展阶段、成长与爆发阶段、稳定与加速整合阶段。

（一）起步与准备阶段（1990—1997 年）

1990—1997 年，是我国电子商务的起步与准备阶段。这一阶段，我国为发展跨境电子商务创造了政策环境。1993—1997 年，政府牵头组织实施“三金工程”，为电子商务的发展奠定了坚实的基础。1993 年，在时任国务院副总理邹家华的主持下，成立了全国经济信息化联席会议及其办公室，即新闻办公室，随后组织了金门、金卡、金税“三金工程”。1997 年，新闻办组织起草了我国信息化规划。1997 年，浙江网盛科技股份有限公司（现为浙江网盛生意宝股份有限公司）诞生，这是我国第一家垂直互联网公司。1997 年 4 月，全国信息化工作会议在深圳召开。各省（区、市）陆续设立信息化领导小组和办事处，并制定信息化建设规划。1997 年，广告商开始使用网络广告。自 1997 年 4 月起，中国商品订货系统（CGOS）开始运行。

（二）萌芽与发展阶段（1998—2002 年）

1998—2002 年是我国电子商务的萌芽与发展阶段，跨境电商进入 1.0 阶段。我国第一笔互联网成功交易可追溯到 1998 年 3 月。1998 年 10 月，国家经贸委与信息产业部联合宣布启动以电子贸易为主要内容的“金贸工程”，这是一项试点工程，用于推广网络化应用、开发电子商务在经贸流通领域的大型应用。1999 年 3 月，B2C（企业对消费者，Business to Customer）网站正式开通，网上购物进入实际应用阶段。1999 年，政府上网、企业上网。电子政务（政府上网工程）、网上纳税、网上教育（湖南大学、浙江大学网上大学）、远程诊断（北京、上海的大医院）等广义电子商务开始启动，并进入实际试用阶段。在这一阶段，网络黄页开始出现在跨境电子商务领域。

在跨境网络平台加入全球的黄页目录，可以提供商品的线上展示，并在黄页上面向全球市场做广告。

这一阶段的主要商业模式是线上展示、线下交易的外贸信息服务模式。以为企业和产品提供展示平台为主，没有交易环节。盈利方式是向展示信息的企业收取会员费。

此时，谷歌刚刚进入中国，其基本算法和搜索方法并不成熟。一群来自工厂的人开始搭建自建站，将自己生产的商品放在自己的网站上并用英语表述出来。但是他们对搜索引擎优化也没有成熟的运营推广方法。之后，他们招聘英语熟练的人给海外企业发邮件以推广产品。还有一些人利用网络搜索和优化的基本知识，利用谷歌的算法把自己经营的网站表现出来，最后都取得了不错的效果。这就是跨境 B2B（企业对企业，Business to Business）的雏形。阿里巴巴诞生于这一阶段。

在跨境电商 1.0 阶段，阿里巴巴国际站、环球资源网是不得不提到的代表性企业。阿里巴巴成立于 1999 年，是中国最大的外贸信息黄页平台之一，以网络信息服务为主、线下会议交易为辅。环球资源网的前身是 AsianSource，是亚洲较早的提供贸易市场信息的平台，成立于 1971 年，2000 年 4 月 28 日在纳斯达克证券交易所上市，股权代码为 GSOL。中国制造网、韩国 EC21 网、KellySearch 等大量以发布供需信息交易为主的跨境电商平台也是这一时期的产物。

跨境电商 1.0 阶段利用互联网，较好地实现了向世界买家展示我国的贸易信息，但是 1.0 阶段主要还是信息流的整合，并不能完成在线交易，大部分交易依旧在线下进行。

（三）成长与爆发阶段（2003—2012 年）

2003—2012 年是电子商务发展的成长与爆发期，跨境电商进入 2.0 阶段。2003 年 5 月，淘宝网诞生，阿里巴巴正式涉足 C2C（消费者对消费者，Customer to Customer）市场；2004 年 1 月，京东进军电子商务领域；当当、卓越网、亚马逊（Amazon）等细分类的商品类电子商务平台也在这一时期涌现。这一阶段，跨境电商平台开始摆脱纯信息的黄页展示行为，线下交易、支付、物流等流程也逐渐数字化，并开始进行网上交易。此时，相关的政策、法规也在不断完善。2007 年，国家发展改革委、国家新闻办公室联合印发《电子商务发展“十一五”规划》，明确指出我国电子商务在“十一五”期间的发展战略；2009 年，商务部发布了《电子商务模式规范》《网络购物服务规范》；2010 年，国家工商行政管理总局发布了《网络商品交易及有关服务行为管理暂行办法》。

相较于 1.0 阶段，2.0 阶段的跨境电商更能显示出跨境电商的本质——借助电商平台实现服务与资源的整合，有效打通上下游供应链，包括 B2B 小额贸易和 B2C 两种模式，以 B2B 为主流，因为这种模式能够使中小企业商户直接对接，缩短产业链，从而提高商品销售的利润空间。

在跨境电商 2.0 阶段，第三方平台的营收变得更加多元化，同时实现了后向收费模式，不再收取固定的会员费，而是按照成交额收取一定的佣金。另外，平台的营销推广、支付服务、物流服务等也成了收益的来源。

在这一阶段，进口跨境电子商务诞生。2005 年，以海外留学生为主体的个人代购模式出现，消费者通过海外买手或职业代购购买国外产品。2007 年，淘宝全球购正式上线，代购群体开始专门购买海外产品并在淘宝店铺中售卖。

这一阶段比较有代表性的企业是敦煌网。

（四）稳定与加速整合阶段（2013 年至今）

2013 年是跨境电商十分重要的一年。在这一年，跨境电商开始转型，产业链的商业模式也逐渐发生变化。跨境电商 3.0“大时代”到来了。

2013 年，我国网民互联网购物总额超过 10 万亿元，其中，电子商务零售额达到 1.85 万亿元；同时，据商务部统计，电商零售产业的发展给社会提供了超过 900 万个工作岗位。4G 和 5G 的蓬勃发展也极大地促进了跨境电子商务的发展。

在这一阶段，进口跨境电子商务也有所发展。2014 年第 56 号和第 57 号海关总署公告的生效，确定了保税进口模式和直邮进口模式的海关监管方式代码，跨境购物开始走上规范化发展之路。2016 年，“四八新政”出台，国家对进口跨境电子商务零售产品实行了新的税制政策，对进口跨境电子商务作出了进一步规范。

跨境电商 3.0 阶段有五大特点：中大额订单比例提升、大型服务商加入、移动用户量爆发、大型工厂上线、B 类买家成规模。伴随这五大特征的，还有服务全面升级、平台承载能力更强、全产业链服务在线化等。

一方面，在跨境电商 3.0 阶段，用户群体有了很大转变——由草根转向工厂、外贸公司，生产设计能力和管理能力大幅提升，相应地，平台销售的产品也不再局限于网商、二手货源，一手货源和好产品逐渐增加。主要卖家群体也从传统的外贸业务向跨境电商业务转型，生产模式也由批量生产向柔性制造转变，对代理运营和产业链配套服务也提出了更高的要求。另一方面，跨境电商 3.0 阶段的主要平台模式从 C2C 和 B2C 转变为 B2B 和 M2B 模式，批发商买家的中大交易成为平台的主要订单。

在3.0阶段，电商企业一方面拥有小型跨国公司的优势，另一方面在人才、品牌以及市场上不断努力。不再局限于原来的拼价格，产品和品牌成为重要的竞争要素。电子商务企业依托自身优势，通过树立全球品牌，将自己打造成具有竞争力的“全球零售”企业。3.0阶段正逢“一带一路”倡议的提出，是中国企业迈向全球的时代，跨境电商企业通过“引进来”“走出去”，在全球范围内开展贸易。

二、跨境电子商务对传统国际贸易的影响与作用机理

（一）对经营主体的影响

在跨境电商领域，经营主体发生了改变。传统的国际贸易成本较高，对企业的资金也提出了较高要求，能够打入国际市场的主要是经济实力雄厚的大型企业；但跨境电子商务缩短了贸易的产业链，买卖双方通过平台就能实现交流，较好地对接了供给方和需求方，省去了很多中间环节，交易成本降低，因此，中小微企业也能参与到国际贸易中。

由于跨境电子商务利用互联网技术开展贸易，“虚拟企业”成为跨境电子商务的主要业务形式，其通过互联网平台为客户提供跨境电子商务贸易服务。另一种跨境电子商务业务形式是“虚拟企业+贸易企业”，这种形式为客户提供的服务更加丰富，也满足了跨境电子商务发展的需求。

（二）对消费者的影响

一方面，跨境电子商务通过跨越不同国家的信息交流，弱化了空间距离对贸易的影响，全球不同地方的商品都能放到跨境电子务平台中，扩大了消费者的选择范围。因此，跨境电子商务平台的商品丰富程度要远高于实体商店，可以向消费者提供各种各样的品类。

另一方面，跨境电子商务平台中不同的供应商对同一种商品所给出的价格也不尽相同，消费者可以轻松地在线比较商品价格以作出最佳选择。尤其是在目前消费者对商品的个性化和高级定制需求越来越多的情况下，买家可以围绕对商品各方面的要求，如颜色、外形、款式、材质等，与卖家进行在线沟通以实现对商品的定制，而不是直接购买传统贸易中的标准化商品。

（三）对经营方式的影响

从经营方式来看，传统国际贸易采用面对面谈判或电话谈判，成本较高，交易效率偏低，而且容易出错。由于跨境电子商务利用互联网进行交易，交易方式更加方便、快

捷、高效。互联网没有国界，摆脱了时空的局限性。使用互联网通信，交易双方也可以达到类似于面对面交易的效果。因此，利用互联网进行交易，既能够降低成本，也能够在最大限度上实现“零库存”的交易。

（四）对经营与营销模式的影响

传统国际贸易采用“企业进口商品—企业销售商品”的经营和营销模式。在这种模式下，消费者的地位相对较低，企业的地位较强，消费者自主选择的权力很小。跨境电商让消费者可以直接与国外商家对话，从网上挑选自己需要的产品或私下定制产品。传统国际贸易涉及的中间环节很多，需要很多部门和人员的参与。任何一个环节出现问题，都可能直接影响整笔贸易的顺利进行。跨境电子商务不需要很多环节和人员，提高了贸易效率。更重要的是，在这个虚拟市场中，商户众多，商机众多，信息流、资金流、物流一体化。交易双方只要有电脑和网络，就可以快速完成谈判、看货、下单，以及租船、订舱、报检、报关等工作，大大减少了人力、财力、物力等方面的投入，缩短了交易时间，降低了国际贸易成本。

（五）对贸易成本结构的影响

在传统的国际贸易中，买卖过程中的信息搜寻、合同订立和执行、售后服务等成本占了很大比例。现代信息技术有利于降低外贸企业的生产和交易成本。企业可以通过网络发布商品信息、寻找贸易合作商，避开了中间商，简化了流程，降低了采购成本和库存成本。但是电子商务也增加了硬件成本、学习成本、维护成本、安全成本等投入。这些在一定程度上改变了贸易的成本结构。

（六）对国际贸易监管的影响

跨境电子商务通过计算机和互联网进行交易，这是对传统国际贸易交易形式的一次创新，直接导致了传统国际贸易管理模式的转型，特别是在关税征收、海关监管、进出口检验等方面。

跨境电子商务简化了交易环节，减少了交易程序，国际贸易管理模式也进一步得以简化。这有利于提高国际贸易便利化服务的效率和质量，促进国际贸易的可持续发展。跨境电子商务具有“网络化”和“全球化”的特点。在跨境电商运营模式下，位于不同国家的交易双方使用的都是在线的交易方法，税收监管部门难以对此进行监督管理，传统的国际贸易监管模式已经不适用于跨境电商的国际贸易行为。因此，一方面，要积极与世界各国合作，共同推进电子商务在国际贸易中的应用；另一方面，要加强电子商务在国际贸易管理中的应用，如出口商品配额的发放、电子报关、进出口商检等，促进电子商务尽快发展，并与国际接轨。

（七）对国际贸易政策取向的影响

随着跨境电子商务的发展，国际贸易中出现了新的政策主张，如电子商务基本属性的界定问题、安全问题、关税问题和发展中国家问题等。能否通过建立一些技术援助制度来协助发展中国家在国际贸易中由被动变为主动，也是国际社会一直在思考的问题。这一切都对全球贸易政策的制定提出了新的挑战。

（八）加剧了国际贸易中的“马太效应”

在目前的国际贸易局势中，发达国家占据主导地位。这些国家往往利用自己的优势，通过制定各种国际贸易和跨境电商政策，来巩固自己的地位。发展中国家一直处于被动地位，需要不断去适应发达国家制定的规则。

另外，发达国家利用先进的科技与雄厚的资金，不断完善跨境电子商务体系，以在国际贸易竞争中占据更加主动的地位，巩固自身优势，加快经济发展。在这一方面，发展中国家不具备相应的优势，电子化进程较慢，在跨境电子商务领域受到种种限制，因此加剧了“马太效应”。

（九）造成国际贸易中大量税款流失

跨境电子商务电子化办公的方式具有一定的虚拟性，税务机关在稽查取证时难度较大；同时，跨境电子商务去除了中间环节，使生产者和消费者直接对话，也加大了税务机关征税的难度。税务机关在跨境电子商务的税收征管上尚无完备的体制和手段，导致税款大量流失。

第二节　跨境电子商务的基本概念

一、跨境电子商务的概念和特点

（一）跨境电子商务的概念

跨境电子商务的概念有广义和狭义两种。从广义上讲，跨境电子商务是指利用电子商务平台，通过跨境物流完成交易、进行支付结算、交付货物和完成交易的国际商务活动。狭义的跨境电子商务，也经常被称为“在线国际贸易”，特指分属不同关境的交易主体，通过电子商务手段达成交易并完成跨境支付（cross-border payment）结算、办理跨境物流运输等一系列流程的国际或地区间新型商品交换活动。

跨境电商需要满足以下几个方面的条件：

①交易双方分属不同的经济体（国家或地区）；

②通过电子商务手段达成交易；

③完成在线支付、运输办理等一系列基本流程；

④从事商品交换活动。

其中，②和③是跨境电子商务在广义和狭义上的关键区别。如果不满足②和③，那就是广义的跨境电子商务的范畴。能实现②和③的目前只有跨境网络零售。因此，后文提到的跨境电子商务均为广义的概念。

（二）跨境电子商务的特点

跨境电子商务是基于互联网发展起来的。与物理空间相比，网络空间是一个新的空间，是一个由网址和密码组成的虚拟但客观的世界。网络空间独特的价值标准和行为模式深刻影响着跨境电子商务，使其有别于传统的交易方式，呈现出自己的特色。跨境电子商务具有以下特点：

1. 全球性（global）

网络是无国界的中介，具有全球化和去中心化的特点。跨境电子商务依赖互联网，因此具有全球化和去中心化的特点。与传统的交易方式相比，电子商务的一个重要特点是，电子商务是无国界的交易，摆脱了传统交易的地域约束。网民可以向市场提交产品，尤其是高附加值的产品和服务，而无须考虑跨越国界。全球性的积极影响是信息的最大共享，而消极影响是用户必须面临文化、政治和法律差异带来的风险。任何具备一定技术手段的人，都可以让信息随时随地进入网络，实现相互交流，进行交易。

2. 无形性（intangible）

网络的发展促进了数字产品和服务的传输。数字传输是通过将不同类型的媒体集中在全球化的网络环境中进行的。这些媒体是无形的，以计算机数据代码的形式出现在网络上。以发送电子邮件为例，这个信息首先要被服务器分解成数百万个数据包，然后按照 TCP/IP 协议通过各种网络路径发送到目的服务器，重新组织起来转发给接收者，整个过程在网络中瞬间完成。电子商务是一种特殊形式的数字传输活动，基于数字传输活动特征的数字产品和服务必然是无形的。传统交易以实物交易为基础，电子商务则允许无形产品代替实物作为交易对象。以一本书为例，传统纸质书籍的排版、印刷、销售和采购均被视为产品的制造和销售。但是，在电子商务交易中，消费者只要购买了使用在线数据的权利，就可以使用图书的知识和信息。

3. 匿名性（anonymous）

基于跨境电子商务的分散性和全球性，电子商务用户的身份和地理位置难以识别，消费者在网上交易中也往往不会透露真实身份和地理位置。重要的是，这丝毫不影响交易。在虚拟社会中，隐匿身份的便利会很快导致自由与责任的不对称。

4. 即时性（instantaneous）

对网络来说，传输时间与地理距离无关。在传统的交易模式中，采用信件、电报、传真等信息交换方式，发送和接收之间存在不同长度的时间差。电子商务使信息交换中的时空不再是问题，一方发送信息，另一方能够迅速收到信息，就像面对面交谈一样。交易可以即时清算，下单、付款、发货都可以在瞬间完成。电子商务交易的即时性提高了人们交流和交易的效率，减少了传统交易的中间环节，但也存在一定的法律风险。

5. 无纸化（paperless）

无纸化操作是电子商务形式交易的主要特点。在电子商务中，电子计算机通信记录取代了一系列纸质交易文件，电子信息以比特的形式存在和传输，用户发送或接收电子消息。无纸化带来的积极影响是摆脱了纸张对信息传递的限制。但是，由于传统法律的很多规定是对“纸质交易”的规定，无纸化在一定程度上带来了法律上的混乱。

6. 快速演进（rapidly evolving）

互联网和其他新生事物一样，在以前所未有的速度和不可预测的方式发展。电子商务以互联网为依托，也处于快速变化的过程中。短短几十年，电子交易经历了由电子数据交换（Electronic Data Interchange，EDI）向电商零售兴起的转变，数字产品和服务也在不断变化，改变着人类的生活。总体来说，为了维护社会稳定，各国都会注重维护法律的连续性和稳定性，这就会造成互联网飞速发展与法律法规相对滞后的矛盾。如何将每时每刻都在发展和变化的网络交易纳入法律规范，是法治领域的难题。跨境电子商务有很多不同于传统贸易方式的特点，传统的税法体系是在传统贸易方式下产生的，应用于电子商务贸易难免漏洞百出。互联网对人类社会产生了深远的影响，也给税收制度和法律法规带来了前所未有的冲击和挑战。

二、跨境电子商务的基本分类

跨境电子商务包含了较多的要素，如交易对象、交易渠道、货物流通、监管方式等多个方面。按照这些要素的不同，可以将跨境电子商务分为不同的类型。

（一）按交易对象划分

按交易对象划分，可以分为 B2B、B2C、C2C、B2G 几类。

B2B，即企业对企业的跨境电子商务，主要应用于企业之间的采购与进出口贸易等，通过互联网传递跨境商品与服务等数据信息而后达成交易并完成支付、线下物流配送等流程的国际商业活动。B2B 跨境电商的卖家一般为大中型企业，最终客户为企业或集团客户。目前，在中国跨境电商市场交易中，B2B 跨境电商市场交易规模占总规模的近 90%。

B2C，即企业对消费者个人的跨境电子商务，主要应用于企业直接销售或消费者全球购活动。它的上端卖方是企业，面向的终端消费者是个人。目前我国 B2C 跨境电子商务占整体跨境电商交易规模的比重正在逐步攀升。

C2C，即消费者之间的跨境电子商务，个人卖方对个人买方在线销售产品和服务。个人卖家在第三方电商平台上发布产品和服务的各种信息，个人买方通过电商平台达成交易并进行支付，之后卖方利用跨境物流将商品送到买家手里，完成交易。C2C 跨境电商市场一直存在，虽然仍属小众，但其发展意义重大。

B2G，即企业对政府的跨境电子商务，主要应用于政府采购，但受到诸多法规的限制。跨境电商政府采购即政府机构在网上进行产品、服务的招标和采购。这种运作模式的优势是投标费用较低，供货商可以直接从网上下载招标书，并以电子数据的形式发回招标书。同时，供货商可以得到更大范围甚至世界范围内的投标。由于是通过网络进行投标，即使规模较小的公司也能获得投标的机会。

（二）按交易渠道划分

按照交易渠道划分，当前主要分为 EDI、互联网两种方式。

EDI，即以电子数据交换的方式进行跨境电子商务。自 20 世纪 70 年代以来，国际组织一直在推动有关数据传输标准和安全等技术的发展，至今已经较为成熟，主要应用于企业与企业之间的电子商务活动。由于 EDI 对企业数据标准化程度及软硬件的要求较高，必须租用专线进行。到了 20 世纪 90 年代中后期，因特网（Internet）迅速普及，因费用低廉、覆盖面广、功能更加齐全、使用更加方便逐步成为电子商务的主要载体。随着互联网的普及，利用互联网进行的跨境交易越来越普遍，尤其是在中小企业中。欧盟统计局数据显示，2012 年欧盟 28 国中有 33% 的企业采用 EDI 方式进行跨境交易，80% 的企业采用互联网方式。

（三）按货物流通方向划分

按照货物流通方向划分，可以分为出口跨境电子商务和进口跨境电子商务。

目前我国以出口跨境电子商务为主。出口跨境电子商务，顾名思义，主体是我国的出口企业。这些企业利用跨境电商平台实现商品的展示，与买方达成交易，并利用线下的跨境物流渠道将商品出口到国外。

进口跨境电子商务，是指将境外的商品通过跨境电子商务平台销售到我国境内市场的贸易活动。一般都是利用自营平台，通过海外买手采购商品并将商品运送至国内保税仓，在平台上展示商品、促成交易，买方一般为国内的终端消费者。

（四）按监管方式划分

按照海关监管方式划分，主要分为一般跨境电子商务和保税跨境电子商务。

一般跨境电子商务主要用于一般货物进出口，大多是小额货物进出口。保税跨境电子商务主要用于保税货物进出口。二者在通关手续等方面有明显不同。

（五）按经营主体划分

按照经营主体划分，可以分为平台型、自营型、混合型（平台＋自营）。

平台型模式，即邀请国内外商家入驻的模式。通过线上搭建商城，整合物流、支付、运营等服务资源，吸引品牌商、制造商等商家及经销商等买家入驻，为其提供跨境电商交易服务。平台以收取商家佣金及增值服务佣金为主要的盈利模式，并不从事商品的购买与销售。一般而言，平台上商品种类较为丰富，网站流量较大，各项服务方便快捷，但不能很好地保障商品的质量。

自营型电商，通过在线上搭建平台，平台方整合供应商资源，以较低的进价采购商品，然后以较高的售价出售商品，以赚取商品的差价作为主要盈利模式。由于商品基本是平台自营的，商品品质有保障，货源稳定，且配套服务便捷，可信度高。但其总体运营成本较高，平台需要面对退换货、商品滞销等问题，相比第三方开放型平台，存在较高的运营风险。

（六）按销售品类划分

按销售品类划分，跨境电商可以分为垂直型跨境电商和综合型跨境电商。

垂直型跨境电商包括产品类垂直跨境电商和地域性垂直跨境电商。产品类垂直跨境电商是指平台上所售商品只涉及某个行业或某个细分市场，并在这一领域做大做深，如母婴类、建材类；地域性垂直跨境电商则专注销往某个地域或区域。

综合型跨境电商和垂直型跨境电商最大的区别是，综合型跨境电商所售商品的品类比较全面与综合，涉及的行业也更多。

（七）按盈利模式划分

按盈利模式划分，可以分为传统跨境大宗交易平台、综合门户类跨境小额批发零售平台、垂直类跨境小额批发零售平台、专业第三方服务平台（代运营）和外贸综合服务平台。

传统跨境大宗交易平台，又称“大宗 B2B”，为境内外会员商户提供网络营销平台，传递供应商或采购商等合作伙伴的商品或服务信息，并最终帮助双方完成交易。这种平台主要依靠收取会员费和营销推广费盈利。

综合门户类跨境小额批发零售平台，又称“小宗 B2B”或“C2C”，为独立的第三方销售平台，不参与物流、支付等交易环节。其收入来源主要有交易佣金，此外还包括会员费、广告费等增值服务费。

垂直类跨境小额批发零售平台，又称“独立 B2C”，为批发零售平台，同时自建 B2C 平台（含物流、支付、客服体系），将产品销往海外。销售收入为其主要的收入来源。

专业第三方服务平台不直接参与电子商务的买卖过程，而是为行业不同、模式各异的从事小额跨境电子商务的公司提供通用的解决方案，为客户提供后台的支付、物流、客户服务及涉外法律顾问等服务模块。

外贸综合服务平台为跨境电商商家提供外贸出口“一条龙”服务，如一达通。国外也有外贸综合服务企业的提法。

（八）按服务类型或交易流程划分

按服务类型或交易流程划分，可以分为交易前的信息服务平台、交易中的在线交易平台、交易后的外贸综合服务平台。

交易前的信息服务平台，顾名思义，是用于展示信息的，主要作用就是给境外的会员提供一个依托网络的销售平台。平台上有各种供应商展示的商品信息，采购商和供应商在平台上达成交易。

交易中的在线交易平台，不仅提供公司产品和服务的信息，还提供搜索、咨询、比较、下单、支付、物流、评价的整个交易链条。在线交易平台模式正逐渐成为跨境电子商务的主流模式。

交易后的外贸综合服务平台，在在线交易双方完成了信息服务与在线交易等环节之后，为商户提供物流、通关等流程或全流程“一条龙”服务，并收取一定的服务费用。

第三节 跨境电子商务的商业模式

一、自营平台

（一）自营平台的概念

所谓自营平台，就是利用互联网建立一个大“商场”，在这个“商场”里，电商一边用低价购进商品，一边再用高价出售商品，利用两者的差价实现盈利。因此，自营平台需要自己备货。这种方式更加注重传统商业的本质，是传统商业的一种转型。自营平台经营方式非常注重消费者的购物体验，因此，无论是品牌还是商品本身，无论是购物还是配送的流程，无论是售前还是售后，都受到自营平台的关注。

（二）自营平台的分类

跨境电商自营平台按其经营的商品一般分为综合型和垂直型两类。

1. 综合型自营平台

目前，国内的综合型自营平台主要的优势是跨境供应链管理能力强、供应商管理强势、跨境物流解决方案较为完善、后备资金充裕，主要的劣势是业务发展受行业政策变动的影响较大。

2. 垂直型自营平台

垂直型自营平台所售商品只涉及某个行业或某个细分市场，在选择自营品类时会集中于某个特定的范畴，如食品、奢侈品、化妆品、服饰等，在这个领域会比较专业。

垂直型自营平台的优势在于供应商管理能力相对较强，劣势是前期需要较大的资金支持。

二、网上商店

（一）网上商店的概念和形式

网上商店又称“虚拟商店”“网上商场”“电子空间商店”“电子商店”，是电子零售商业的典型组织形式，是建立在网上的商店或商场。网上商店都是以自己的名义与消费者达成买卖关系。跨境网上商店涉及跨境业务时，一般有多种形式和经营方式。

1. 垂直商店

这种商店的产品存在更多的相似性，要么满足某一类人群，要么满足人们对某种品类的需求（如化妆品、服饰）。垂直商店的数量取决于市场的细分程度。

2. 复合品牌店

随着电子商务日益成熟，很多传统品牌商加入电商战场，以抢占新市场、拓宽新渠道。复合品牌店以优化产品与渠道资源为目标，如各大知名品牌的网络店铺等。

3. 服务型网店

随着个性化需求的增多，服务型网店也不断增加，如帮助消费者排队买东西的网上商店。

4. 导购型网店

导购型网店使购物的趣味性、便捷性大大增加。诸多导购网站推出了购物返现，少部分网站推出了联合购物返现，满足了大部分消费者的需求，许多消费者通过这种渠道进入 B2C 网站购物。

（二）网上商店的经营方式

受网店经营方式的影响，跨境网上商店的形式更加多样。

1. 海淘

海淘，也就是海外或境外购物。消费者在平台上浏览商品信息，提出购买需求，提交信用卡号码，之后海外购物平台发货，一般使用国际快递或者由转运公司代收之后再转运回国内。

海淘必然会涉及外币与人民币的支付兑换。根据支付方式的不同，可以分为“海外购物网站＋外币支付”“海外购物网站＋人民币支付”“境内导购网站＋人民币支付”三种形式。

“海外购物网站＋外币支付”是海淘的最初形式。顾名思义，购物网站是海外的，使用的货币也是外币。国内的消费者需要在海外的购物网站注册，登录后选购商品，还需要一张外币信用卡。一些境外购物网站还不能直发商品到我国境内，此时消费者需要注册登录转运公司网站，通过转运公司将商品运送到国内。可见，“海外购物网站＋外币支付”模式相对烦琐，对普通消费者而言不仅有语言障碍，还需要申请双币信用卡，因此购物门槛比较高，消费体验较差。

“海外购物网站＋人民币支付”模式基于国家外汇管理局批复同意第三方支付机构开展跨境电子商务外汇支付业务试点。跨境电子商务外汇支付业务的试点，极大地方便了消费者海淘。消费者不再需要使用外币信用卡进行消费，可以直接将钱款支付给具备业务资质的第三方支付平台，由第三方支付平台购汇，把人民币转换成外币，再清算给海外购物网站。传统海淘的外币信用卡支付门槛不复存在，资金清算效率也得以提高。

"境内导购网站 + 人民币支付"模式的出现让海淘变得更加简单、方便。海淘需求的增加催生出一批海淘导购网站。这些网站与境外商家合作，将境外商品用中文进行介绍，并支持人民币支付，打破了语言和外币支付的双重门槛。消费者就如同在境内购物，毫无障碍。但这种模式也存在局限性，能够海淘的境外商品有限，取决于与导购网站合作的境外商户的类型和规模。

2. 海外代购

海外代购，即俗称的"海代"，也是一个为消费者熟知的概念。简言之，这种模式是身在海外的人或者商户，帮助有需要的国内消费者采购当地的商品，并通过跨境物流将商品送到消费者手中。

从业务形态上，海外代购模式大致可以分为海外代购平台、微信朋友圈海外代购两种。

海外代购平台的主要作用是吸引第三方卖家入驻，并不深入涉及采购、销售及跨境物流等环节。入驻平台的卖家既可以是商家，也可以是个人，大都具备很强的海外采购能力或者国际贸易能力。卖家根据消费者的订单需求，或者根据之前的销量进行预测来集中采购商品，之后根据订单将商品发往国内。这种模式是典型的 C2C 模式。代购平台通过收取入场费、交易费、增值服务费等获取利润。海外代购平台的优势主要体现在用户流量大，能够提供比较丰富的海外商品种类。其劣势在于，消费者难以辨别入驻商户的真实性，交易的信用环节也存在风险；另外，其对跨境供应链的涉入较浅，难以建立起充分的竞争优势。

微信朋友圈海外代购是依靠熟人、半熟人社交关系的一种原始商业形态，是从移动社交平台上自然生长出来的。虽然社交关系对交易的安全性和商品的真实性起到了一定的保障作用，但风险依然较大。

2014 年 8 月 1 日，海关总署《关于跨境贸易电子商务进出境货物、物品有关监管事宜的公告》正式实施，对从事跨境电子商务的企业和个人进行监管，让"海淘"有法可依。该公告明确表示，"存放电子商务进出境货物、物品的海关监管场所的经营人，应向海关办理开展电子商务业务的备案手续，并接受海关监管。未办理备案手续的，不得开展电子商务业务"。这就意味着海外代购行为，如未纳入监管可被视为走私，遭举报后将受处罚。

3. 导购 / 返利平台

导购 / 返利平台通常会把自己的页面与海外 B2C 电商的商品销售页面进行对接，一旦产生销售，B2C 电商就会给予导购平台 5%~15% 的返点。导购平台则把其所获返点中的一部分作为返利回馈给消费者。导购 / 返利平台的环节有两个：引流和商品交易。其中，引流环节主要是通过导购资讯、商品比较、海淘 / 海代社区论坛和博客及用户返利来吸引用户。商品交易环节是消费者通过站内链接，在海外 B2C 电商网站或者向海外代购者提交订单，来实现跨境购物。为了提升商品品质、增加商品品类，这类平台也通常搭配海外 C2C 代购模式。因此，从交易关系来看，这种方式可以理解为“海淘 B2C 模式 + 海代 C2C 模式”的综合体。

导购 / 返利模式的优势在于，定位于对信息流的整合，较容易开展业务；引流环节可以在较短时间内为平台吸引大量海淘用户，可以比较准确地了解消费者的前端需求。劣势在于，长期而言，把规模做大的不确定性比较大；对跨境供应链的把控较弱；进入门槛低，竞争优势不明显，若无法尽快实现一定的、可持续的流量规模，其后续发展可能难以维持。

三、第三方平台

第三方平台是一种第三方企业，独立于产品或服务的提供者和需求者。第三方平台有特定的交易与服务规范，根据这些规范，通过网络为买卖双方提供服务。服务内容包括供求信息的发布与搜索、交易的确立、支付、物流等。

之所以称它们为第三方平台，是因为这些平台本身并不参与交易，主要的功能在于提供跨境电子商务的基础设施和基础服务。

本章重点

多年来，跨境电子商务在国际贸易领域不断发展，经历了起步与准备阶段、萌芽与发展阶段、成长与爆发阶段、稳定与加速整合阶段四个阶段。跨境电子商务从经营主体、消费者、经营方式、经营与营销模式、贸易成本结构、国际贸易监管、国际贸易政策取向等多个方面对传统国际贸易产生影响，此外，还使国际贸易中的“马太效应”加剧，并造成国际贸易中的税款流失。

从广义上讲，跨境电子商务是指利用电子商务平台通过跨境物流完成交易、进行支付结算、交付货物和完成交易的国际商务活动。狭义的跨境电子商务特指分属不同关境的交易主体，通过电子商务手段达成交易并完成跨境支付结算、办理跨境物流运输等一系列流程的国际或地区间新型商品交换活动。

跨境电子商务具有全球性、无形性、匿名性、即时性、无纸化、快速演进等特点，可以根据交易对象、交易渠道、货物流通、监管方式等多个方面的要素的不同，分为不同的类型。

跨境电子商务的商业模式主要包括自营平台、网上商店和第三方平台。跨境电子商务自营平台是利用互联网建立的大商场，更加注重传统商业的本质，是传统商业的一种转型，按其经营的商品一般分为综合型和垂直型两类；跨境电子商务网上商店是电子零售商业的典型组织形式，是建立在网上的商店或商场，形式主要包括垂直商店、复合品牌店、服务型网店、导购型网店，经营方式主要包括海淘、海外代购、导购/返利平台；跨境电子商务第三方平台是一种第三方企业，独立于产品或服务的提供者和需求者，本身并不参与交易，主要的功能在于提供跨境电子商务的基础设施和基础服务。

课后习题

1. 简述跨境电子商务的发展历程。
2. 简要概括跨境电子商务对国际贸易的影响。
3. 简述跨境电子商务的概念和特点。
4. 思考跨境电子商务的分类。
5. 按交易对象划分，跨境电子商务能分成哪几类，每一类都有什么特点？
6. 综合型自营平台和垂直型自营平台有什么区别，是按什么标准进行划分的？
7. 什么是出口跨境电商？什么是进口跨境电商？
8. 跨境电子商务有哪些商业模式？
9. 简述跨境电子商务自营平台、网上商店、第三方平台的概念和类别。

参考文献

[1] 陈仿 . 我国电子商务的盈利模式研究 [D]. 北京：北京工商大学，2006.

[2] 范兰宁 . 电子商务活动对传统税收管辖权的冲突及对策 [D]. 上海：华东政法学院，2004.

[3] 耿慧慧，王萍 . 我国出口跨境电商运作模式分析 [J]. 电子商务，2018（6）：17–18.

[4] 贺蓓蓓 . 跨境电子商务与物流协同发展研究 [D]. 郑州：河南财经政法大学，2019.

[5] 胡红飒 . B2B 跨境电子商务的可行性与必要性 [D]. 广州：暨南大学，2017.

[6] 李发强 . 自贸试验区与中国跨境 B2C 电商平台建设问题研究 [D]. 北京：外交学院，2015.

[7] 李宏波 . 出口贸易转型视角下的中国跨境电子商务发展分析 [D]. 长春：吉林大学，2017.

[8] 李圆圆 . 基于高校视角下的跨境电商人才培养分析 [J]. 营销界，2021（11）：67–68.

[9] 吕佳 . 网络经济时代下我国电子商务模式发展初探 [J]. 中小企业管理与科技（上旬刊），2014（6）：218–219.

[10] 聂文 . 我国跨境 B2C 电商平台的发展问题研究 [D]. 杭州：浙江工业大学，2015.

[11] 秦超 . 电子商务将国际贸易革命到底 [J]. 电子商务世界，2003（12）：85–87.

[12] 宛建伟 . 进口跨境电商发展模式与运营分析 [D]. 天津：天津大学，2016.

[13] 王浩然 . 我国跨境电子商务的发展与应用 [D]. 北京：北京工商大学，2016.

[14] 王健 . 跨境电子商务 [M]. 北京：机械工业出版社，2019.

[15] 王荣 . 跨境电商平台特点分析 [J]. 中国管理信息化，2017，20（6）：133–134.

[16] 王韶洁 . 浅谈跨境电商对传统国际贸易的影响 [J]. 商场现代化，2019（5）：59–60.

[17] 杨静 . 海外网络代购的法律问题研究 [D]. 南昌：南昌大学，2018.

[18] 张秋荻 . 跨境电子商务的商业模式及盈利分析——基于阿里巴巴、天猫、eBay、梅西百货的案例分析 [J]. 经济师，2021（3）：55–57，61.

[19] 赵晨馨 . 论跨境电子商务对国际贸易的影响 [J]. 商场现代化，2016（27）：47–48.

第二章
跨境电子商务的运营基础体系

本章概要

本章的主题是跨境电子商务的运营基础体系，共分为三节。第一节是跨境电子商务物流，主要介绍了物流的基本概念、发展现状、物流配送管理，以及多种物流模式。第二节主要介绍了跨境电子商务支付的基本概念、支付类型与流程、风险与防控、外汇管理与金融监管。第三节主要介绍了跨境电子商务外贸综合服务的基本概念，外贸综合服务企业的运行方式及流程、特质及价值创造机理。

学习目标

掌握跨境电商物流的基本概念；理解跨境电商物流的发展现状；了解跨境电商物流的管理原则与方法；掌握跨境电商物流配送的多种模式及特征。

理解跨境电子商务支付的基本概念；掌握多种支付类型及支付流程；掌握跨境电商支付的风险与防控措施；了解跨境电商支付的外汇管理和金融监管。

了解跨境电商外贸综合服务的产生背景；掌握外贸综合服务的定义、运行方式及流程；理解外贸综合服务的特质和价值创造机理。

第一节　跨境电子商务物流

物流作为供应链的重要组成部分，是对商品、服务及相关信息从产地到消费地的高效、低成本流动和储存进行规划、实施与控制的过程，目的在于满足消费者的需求。跨境物流承担着商品交付转移的功能，是跨境电商发展的重要支撑。

一、跨境电商物流概要

物流是贸易活动中被交易的实物标的从生产企业或者商家仓储位置转移到买家手中的过程及其有关活动的总称。物流一般指物的搬运和运输集成过程，可能还包括与此相联系的包装、装卸、储存保管等，而配送更加强调物品送达买家手中的过程。

跨境电商物流，是指位于不同国家或地区的交易主体通过电子商务平台达成交易并进行支付清算后，通过跨境物流送达商品进而完成交易的一种商务活动。

（一）跨境电商物流的作用

对跨境电子商务企业而言，物流是链条，是保障其运作的重要基础。跨境电子商务的实体流动必须通过物流来完成。多元化的跨境电商物流体系为降低物流成本、有效支撑跨境电商发展发挥了重要的作用。一方面，物流的全球化服务极大地拓展了跨境电子商务的市场发展范围；另一方面，跨境电子商务要求的物流全球化高效服务，对物流的多元化渠道整合提出了更高的要求。总之，跨境电子商务与物流配送之间相互依存、相互促进，跨境电商的发展带来了物流的革新与发展，物流的发展又对跨境电商的进一步发展起到了重要的推动作用，物流已成为影响跨境电子商务发展的关键因素。

1. 跨境电商物流是跨境电商的重要组成部分

在通常情况下，贸易活动由信息流、资金流、物流三部分构成。首先，跨境电商网站是跨境电商信息流的表现形式。跨境电商信息流由传统线下展会形式对接转变为线上网站形式对接，进一步发展成 B2B 和 B2C 网站形式对接等模式。其次，电子商务资金支付形式反映了资金流的形态，当前的贸易资金流由传统银行支付发展至电子银行支付，再到第三方支付平台支付。最后，物流在跨境电商业务中承载着货物转移和交付的功能，是跨境电商不可或缺的组成部分。离开了物流，跨境电商交易将无法实现。

2. 跨境电商物流是跨境电商的核心环节之一

在贸易过程中，信息流促成交易双方信息对接，促使双方达成交易意向；物流和资金流使这种交易意向得以执行和实现，分别反映了交易标的和交易资金的流动。因而，物流是贸易活动中的核心环节之一，跨境电商物流自然也是跨境电商的核心环节之一。

电子商务的过程由网上信息传递、网上交易、网上结算和物流配送四部分组成，其动态的完整运行也由信息流、资金流、物流有机构成。但与传统商务活动不同，电子商务的特殊性在于，信息流、资金流都可以在虚拟环境下利用互联网实现，唯独物流不能完全通过网络实现，尤其是跨境物流受到国界阻碍。因此，在跨境电商贸易过程中，物流发挥着重要作用，是跨境电商发展的核心链条。

3. 跨境电商物流是跨境电商发挥优势的基础

跨境电商能够有效缩短供货时间和生产周期，简化订单程序，降低库存水平，并使客户关系管理更有成效。物流包括仓储、分拣、包装、配送等环节，较大的电子商务平台一般采取专线物流或者海外建仓的方式降低物流成本，而一般中小型电商的物流则选择邮政小包和国际快递等方式。

当前跨境电商发展速度很快，但国际物流仍存在“短板”。物流不仅直接关系到跨境电商的交易成本，还关系到买家的购物体验以及对卖家的满意度和忠诚度。物流的畅通高效会使跨境电子商务得到更好的发展，更容易赢得顾客的青睐和好评。

（二）跨境电商物流与国内物流的差异

跨境电商物流的运作流程一般包括境内物流、出境清关、国际物流、目的国清关与商检、目的国物流、目的国配送等，会涉及多个国家、多个物流企业，复杂性远超国内物流。

跨境电商物流与国内物流的差异主要体现在以下几个方面。

1. 运营模式不同使物流服务要求不同

传统商业模式中“少品种、大批量、少批次、长周期”的运营模式决定了传统物流的固化性和单一性。而跨境电子商务“多品种、小批量、多批次、短周期”的运营模式对物流的响应度和柔性提出了更高的要求。网上交易后对物流信息的更新，强调了库存商品快速分拣配送的原则，体现了跨境电子商务物流快速响应的特点；多元化物流渠道的选择也符合跨境电子商务的柔性需求。

2. 物流的附加值不同

传统物流除了运输功能外，附加值体现不明显。跨境电商物流的附加值不仅体现在实现了物品在空间上跨国境的转移，更强调了终端客户的时效体验以及物流成本在产品价格上的竞争优势。

3. 物流服务的层次不同

传统物流主要强调“门到门”“点对点”的服务，而跨境电商物流强调物流的整合和全球化。

4. 对信息化和智能化的要求不同

传统物流的作业流程相对固定，对 IT 技术的重视程度和智能化程度低于跨境电商物流。跨境电商的物流、信息流、资金流以主动的方式推送给客户，并实时监控，因此，“三流统一”是跨境电商的本质要求。

跨境电商物流更关注以 IT 技术为核心的对物流全过程进行的优化。各大物流服务提供商也都致力于开发领先的信息系统，以提供更全面、更简单的物流信息操作模式，实现跨境电子商务的“三流”一体化和智能化。

（三）跨境电商物流的特征

物流是跨境电商的一部分，具有与跨境电商相对应的一些特征，主要表现在以下几个方面：

1. 地域国际化

跨境电商是国际贸易和互联网技术融合发展的结果，是国际贸易的表现形式之一。跨境电商物流是一种典型的国际物流的表现形式，是通过网络平台销售的物品从供应地到不同国家地域范围接受地的实体流动过程。一方面，每一笔跨境电商物流的流程均需经过两次通关，即一次出口通关和一次进口通关；另一方面，跨境电商物流的运营通常是由不同的业务主体在不同的国境之内开展业务。

2. 反应快速化

跨境电商要求国际物流上下游的反应速度更快。跨境电商对物流时效性提出的要求具体体现在提前期和配送间隔越来越短，商品周转率和物流配送时效却越来越快。

3. 功能集成化

跨境电商通过物流来集成供应链的不同环节，包括物流渠道与产品渠道的集成、不同物流渠道的集成以及物流环节与物流功能的集成等。

4. 作业规范化

跨境电商物流强调作业流程的标准化，包括物流订单处理标准化、物流渠道管理标准化等。这将复杂的跨境电子商务物流作业流程转变成相对简单、可量化、可考核的物流操作方式。

5. 信息电子化

跨境电商是信息技术革命的结果，跨境电商物流强调订单处理、信息处理的系统化和电子化，广泛采用 ERP 系统完成标准化的物流订单处理和物流仓储管理，便于考核物流渠道的成本和时效，并对库存积压、产品延迟到货、配送不及时等情况进行有效的风险控制。

6. 运输分散化

跨境电商包括批发模式（B2B）和零售模式（B2C/C2C）两种主要的交易模式，其中，零售模式是跨境电商发展的热点和未来的重点。零售模式下的跨境电商订单呈现扁平化和碎片化的特征。由于订单量较小且需要运输至不同买家手中，跨境电商物流后程运输通常采用快递形式实现，从而使跨境电商物流呈现分散化特征。

（四）跨境电商物流的发展现状

我国跨境电商在政策和市场的双重利好因素下飞速发展，与跨境电商相辅相成的物流行业也将迎来新的机遇与挑战。

1. 跨境电商物流模式多样化发展

跨境电商是随着世界经济全球化、扁平化、信息化而产生的新的贸易形态。由于跨境电商的客户需求和时效要求不同，对国际物流产生了不同的需求，继而形成了多样化的跨境电商物流模式。

国际快递是跨境电商的主要物流模式之一，电商零售模式下零散、扁平的订单带动了快递业务的发展，快递业务呈现井喷式发展，我国国际快递及港澳台地区快递数量从2001年的1.1亿件增至2020年的18.4亿件。此外，一些新兴跨境物流模式不断涌现。海外仓是跨境电商出口领域普遍认可的一种模式，在跨境电商进口领域，形成了保税和集运两种新型模式。

2. 跨境电商物流体系更加经济、高效、透明

跨境电子商务物流服务于跨境电子商务企业。一方面，亚马逊、全球速卖通（AliExpress）等大型跨境电子商务平台不断壮大；另一方面，专注细分市场的中小型跨境电子商务不断成熟，相应地促进了自建物流和第三方综合服务物流的出现。目前，为了进一步降低跨境电商物流成本，提高物流时效，部分跨境电商企业开始配建自己的物流仓储系统，专业跨境电商物流企业也在完善其转运体系。未来自建物流与第三方物流体系将持续共存，一个更加经济、高效、透明的跨境电商物流体系正逐步形成。

3. 跨境电商物流成为跨境电商发展的主要“瓶颈”

跨境电商的正常运营离不开跨境物流服务。跨境物流与国内物流相比，配送流程更为复杂，对物流基础设施和软件服务的要求也更高。我国跨境物流整体上存在基础设施落后、企业业务规模有限、跨境物流运输环节复杂、退换货流程烦琐等问题。尤其是在零售模式的跨境电商业务中，普遍存在三个发展痛点：一是跨境物流成本较高，跨境电商的物流费用占成本的20%~30%，一些产品的物流成本等同于甚至超过出库成本；二是运输时间普遍较长，跨境电商物流运输环节较为复杂，商品要经过国内运输、国际运输、海关等环节才能到达消费者手中；三是跨境电商物流难以实时跟踪，由于国内外物流体系不同、各国信息化水平参差不齐等，跨境物流包裹难以实现实时全程追踪和监控。因此，跨境电商物流领域进一步发展和提升的空间巨大。

二、跨境电商物流管理

跨境电商物流是跨境电子商务活动的重要组成部分，为跨境电子商务的贸易行为和跨国经营服务。因此，跨境电商物流不仅要完成货物运输、实现物品空间上的跨境转移，更应该从物流管理及供应链角度对物流服务进行全面评估。

（一）跨境电商物流管理概述

跨境电商物流管理以系统论、信息论和控制论为基础，应用管理的基本原理和科学方法，对跨境电商物流活动进行计划、组织、协调、控制和监督，使各项物流活动实现最佳的协调和配合，从而降低物流成本，提高物流效率和经济效益。跨境电商在质量、效率和标准化等方面对物流管理有更高的要求。

1. 物流本身的服务性原则

跨境电商物流管理和传统电商物流管理一样，其核心仍然是对物流活动全过程的协调和控制，尽最大可能规避国际物流风险，通过高效、优质的物流服务体系，为客户提供满意的购物体验。

2. 供应链管理思想及系统论原则

跨境电商物流本身既是一个复杂系统，又是跨境电子商务的一个子系统。跨境电商物流不仅要追求自身效益最大化，更要致力于跨境电子商务整体供应链效益最大化、成本最低化以及资源配置合理化。这意味着跨境电商物流的协调面临巨大的挑战。

3. 标准化原则

跨境电商物流操作的重复性和常规性充分体现在物流订单处理、包裹状态跟踪、财务报表分析、关键业绩指标（Key Performance Indicator，KPI）等流程中，对这些流程进行标准化管理有助于实现跨境电商物流的自动化和智能化，从而提高物流效率。

（二）跨境电商物流成本管理

跨境电商企业的产品最终销售价格以产品成本、交易成本和物流成本为基础。物流成本作为重要组成部分，将在很大程度上影响跨境电商企业产品的定价，进而影响客户需求，甚至影响跨境电子商务的发展。

跨境电子商务平台对单品库存量单位（Stock Keeping Unit，SKU）的排名主要依据销售价格和销售量。商品要实现价格优势，就要控制产品的采购成本，物流成本的控制也是重点。物流追求的目标是在满足客户需求的前提下实现成本最小化。

1. 影响跨境电商物流成本的因素

传统物流运输成本受到产品特性、重量以及运输距离的影响。除此之外，跨境电商物流由于包裹小、实效性强的特点，其成本的影响因素还包括以下几个方面。

（1）产品性质

从物流运输方式来看，不同的物流运输方式各有优缺点，适用对象也各不相同，因此，产品的性质会影响运输方式的选择；从物流渠道来看，不同的物流渠道对产品属性可能会有不同的要求。例如，很多物流渠道对违禁品的发运作了严格限制，有些物流渠道对带电池产品的运送有所限制。对于跨境电商物流，不可改变的产品性质决定了可能选择的物流渠道或运输方式，进而在一定程度上决定了成本。

（2）产品重量

跨境电商产品包裹的典型特征是小而散，80% 左右的包裹重量在 2 千克以内，大部分跨境电商物流服务商对包裹重量限制也在 2 千克。因此，邮政小包就成了大部分跨境电商企业首选的物流配送模式。该种方式资费相对较低，商家甚至可以通过免运费的方式扩大销售。对于重量超过 2 千克的物品，跨境电商企业可以选择商业快递或者国际专线等物流运输模式。这些方式资费较高，但时效性强，可以为顾客提供更好的物流体验。

（3）产品体积

大部分跨境电商物流，尤其是商业快递和物流专线都对寄送产品的体积有限制，并会计算产品的体积重量。这与航空货物的运输要求是一致的。轻泡货物重量小体积大，实际计费时按照体积重量计算。

通用计算公式为

$$\text{体积重量(kg)}=\frac{\text{长(cm)}\times\text{宽(cm)}\times\text{高(cm)}}{5000(\text{cm}^3)} \tag{2-1}$$

需要注意的是，各物流服务商对轻泡货物的界定标准不同，大部分以 5000 cm^3/kg 为标准。

（4）物流妥投时效

物流时效性也反映在物流成本上。一般来说，物流时效与价格是成正比的。产品样品、高价值产品以及对时效要求较高的产品需要更强的时效保障，这类产品的物流成本也相对较高。

2. 跨境电商物流成本控制

在跨境电子商务 1.0 和 2.0 时代，最大的竞争来自货源与客源，跨境电商企业对物流成本的控制较为缺失。现在，跨境电子商务 3.0 时代到来，为了在激烈的竞争中继续保持优势，物流成本的控制迫在眉睫。

在跨境电商整体成本构成中，物流成本通常占销售额的 20% 左右，如果跨境电商企业能够有效降低物流成本，将大幅增加企业利润，提高企业效益。控制跨境电商物流成本的具体方法主要包括以下几个方面：

（1）供应链管理

降低物流成本的根本目的在于降低跨境电商的整体成本，因此，不能仅仅关注物流效益，而需要把物流、产品、采购等部门协调起来，以企业效益最大化为目标，寻求降低跨境电商企业物流成本的有效方法。

（2）需求整合

跨境电商物流的需求复杂多样，具体体现在产品性质、数量、重量、体积、物流渠道、寄送区域、计费方式等方面，进而影响物流成本。跨境电商的碎片化需求往往与企业追求的规模经济背道而驰，因此，跨境电商企业必须根据顾客以及企业自身的需求来整合、优化物流，以降低物流成本。

（3）物流信息系统

通过物流信息系统，可以实现标准化的物流操作和订单处理，从而节约人力成本，优化企业用工。此外，物流信息系统也可以实现对物流的监测和管理，有效降低物流管理成本。

（三）跨境电商库存管理

跨境电商库存，是指跨境电商企业在运营过程中在各物流节点中的原材料、产成品和其他物资。跨境电商库存管理本质上就是库存管理，主要是对库存物资的数量、质量以及库存费用的管理。跨境电商企业应在保证及时发货的前提下，尽可能降低库存水平，减少库存积压或报废，监控贬值风险。

1. 库存成本的构成

库存是物流成本的重要来源，一般来说，与库存有关的成本包括订货成本、库存持有成本、缺货成本及其他风险成本。企业采用大批量订购方式，利用订货的规模经济能降低订货成本，减少缺货成本，但同时增加了库存持有成本。因此，企业合适的库存水平需要平衡其各项成本构成来确定。

（1）订货成本

订货成本包括两部分：一部分是货物成本，由产品本身的价格决定；另一部分是订购成本，可以视为固定成本，只与订货次数有关，如采购人员的工资、因订货产生的交通费和通信费、订单处理费等。在跨境电商中，订购成本已有效降低，但订单产生的运输、装卸搬运、检验等处理费用仍然与订货次数有关。

（2）库存持有成本

库存持有成本是保有存货时应当支付的成本，主要包括仓库占用成本，资金占用成本，库存服务成本（如保险），以及与商品损耗、积压有关的库存风险成本。库存持有成本的范围非常广泛，并且与企业的仓库管理水平、经营管理水平有很大关系。

（3）缺货成本

当产品供不应求时会产生缺货成本，主要是失售的机会成本带来的。缺货成本与顾客对待缺货的态度有密切关系。理想情况下，企业不存在缺货情况，但完全的订单满足率会让企业承担过高的库存持有成本。因此，企业需要权衡一定的现货供应水平的维持成本与一定程度的脱销的机会成本之间的关系。

2. 库存决策：国内仓库还是海外仓库

除了传统的自建仓或第三方仓储的选择，跨境电商物流管理中更重要的库存决策是国内仓库还是海外仓库，主要从以下三个因素进行考虑：

（1）供求因素

无论是选择国内仓库还是海外仓库，最基本的目的都是协调供求关系，以更好地满足顾客对跨境电商产品的需求。

（2）成本因素

库存与运输通常一起考虑。库存的增加一方面会增加库存成本，另一方面会降低运输成本，因此物流总成本需要寻求平衡。海外仓库会增加跨境电商企业的库存成本，但是从采购地到海外仓库之间的运输成本可以实现规模经济，目的国配送成本也能降低。一般而言，跨境电商企业会选择从国内仓库发物流成本较低、时效要求不高的小件货物，从海外仓库发国内发货无物流优势的大件商品，以及时效要求高的货物。

（3）市场因素

库存是为了及时满足顾客对产品的需求，从而缩短物流时间，实现对客户需求的快速响应，因此市场销售是库存的根本目的。考虑成本因素，跨境电商企业可以将海外仓库作为库存周转快的畅销品的选择。

三、跨境电商物流模式

跨境电商网上订单完成后，要把货物快速送达客户手中，保证客户良好的购物体验，物流方式的选择就成了重中之重。为了适应跨境电子商务的发展需求，更好地服务于跨境电商，多样化的跨境电子商务物流模式不断涌现。

跨境电商物流模式依据物流流动方向划分，可以分为出口跨境电商物流模式和进口跨境电商物流模式。出口跨境电商物流模式主要分为邮政物流、商业快递、专线物流和海外仓；进口跨境电商物流模式主要分为一般进口物流模式、集运进口模式和保税进口模式。

（一）出口跨境电商物流模式

1. 邮政物流

邮政物流，是指各国邮政部门所属的物流系统。邮政网络覆盖全球220个国家和地区，比其他物流渠道都广，其中，万国邮政联盟和卡哈拉邮政组织发挥了巨大作用。万国邮政联盟是联合国下设的一个关于国际邮政事务的专门机构，通过一些公约法规来改善国际邮政业务、发展邮政方面的国际合作。万国邮政联盟会员众多，但会员之间邮政系统发展不平衡。为了促成会员之间的深度邮政合作，邮政系统相对发达的6个国家或地区（中国内地、美国、日本、澳大利亚、韩国、中国香港）的邮政部门于2002年在美国召开了邮政CEO峰会，成立了卡哈拉邮政组织，后来西班牙和英国也加入该组织。卡哈拉邮政组织设定了投递时限达到98%的质量标准，若货物没能在指定日期运至目的地，则负责投递的运营公司必须按货物价格的100%赔付给客户。这些严格的要求和规定使成员间的合作进一步深化，服务水平得到提升。

据不完全统计，我国出口跨境电商70%的包裹通过邮政系统投递，其中，中国邮政占50%左右。因此，目前跨境电商物流还是以邮政的发货渠道为主。

（1）EMS

EMS是中国邮政开办的特快专递邮件服务，不仅有国内业务，与其他国家也有业务往来。由于EMS跨境物流是中国邮政与其他国家或地区的邮政合办的，因此，在邮政、海关、航空等部门享有优先处理权，这也是EMS与其他商业快递不同的地方。EMS国际快递的投递时间（不包括清关时间）一般为3~8个工作日，其资费标准、规格限制、跟踪查询、操作注意事项等可登录http://www.ems.com.cn进行了解。

EMS的主要优点：投递网络强大，覆盖面广，价格合理；不用提供商业发票即可清关，并且拥有优先通关权，通关不过的货物可以免费运回国内（其他快递一般要收费）；适合小件以及对时效要求不高的货物；寄往南美、俄罗斯等地具有绝对优势。

EMS 的主要缺点：相比商业快递速度偏慢；不能一票多件，大货价格偏高；查询网站信息滞后，一旦出现问题只能书面查询，查询时间较长。

（2）ePacket

ePacket 俗称“e 邮宝”，又称“EUB”，是中国邮政速递物流股份有限公司旗下的国际电子商务业务。ePacket 整合邮政速递物流网络资源，与主要电商平台合作推出速递业务，目前可以发往美国、澳大利亚、英国、加拿大、法国、俄罗斯、以色列、沙特阿拉伯、乌克兰等国家。

由于各国的规定不同，ePacket 的资费标准、规格限制、跟踪查询、操作注意事项等可登录中国邮政快递网站（http://www.ems.com.cn）或拨打客服热线 1183 查询。

ePacket 的主要特点：不受理查单；不提供邮件丢失、延误赔偿；不承诺投递时限。

（3）中国邮政大包

中国邮政大包全称为“中国邮政航空大包”（China Post Air Parcel），简称“航空大包”“邮政大包”或“中邮大包”。

中国邮政大包的资费标准、规格限制、跟踪查询、操作事项等内容可参考 http://11185.cn/index.html 以及 http://intmail.183.com.cn。

中国邮政大包的主要优点：覆盖面广，可发往全球 200 多个国家和地区；价格低廉，以首重 1 千克、续重 1 千克的计费方式结算，价格比 EMS 低，不计算体积重量，没有偏远附加费；通达国家多，清关能力强；运单操作简单、方便；对时效性要求不高而稍重的货物，可选择此种方式发货。

中国邮政大包的主要缺点：部分国家限重 10 千克，最重不能超过 30 千克；妥投速度慢；查询信息更新慢。

（4）国际小包

重量在 2 千克以内，外包装长宽高之和小于 90 厘米，且最长边小于 60 厘米，通过邮政空邮服务寄往国外的小邮包，被称为国际小包。国际小包是使用较多的一种国际物流方式，依托万国邮政联盟网点覆盖全球。目前常见的国际小包服务渠道有中国（内地）邮政小包、新加坡邮政小包、中国香港邮政小包、瑞士小包等。国际小包可以分为平邮小包和挂号小包两种。一般跨境电商 B2C 卖家销售的电子产品、饰品、配件、服装、工艺品都可以采用此种方式来发货。

在不同的国家和地区，邮政小包服务或多或少存在区别，主要体现在不同区域会有不同的价格和时效，以及对承运物品的限制不同。因此，需要与多个物流渠道的货运代理公司建立联系，确保尽快了解各个渠道的最新信息，组合使用多个渠道。例如，泰国小包“爆仓”了，马上换新加坡小包；若新加坡小包“爆仓”了，可以换菲律宾小包。

中国邮政小包全称为“中国邮政国际小包”（China Post Air Mail），简称“航空小包”“空邮小包”“中邮小包”，或其他以收寄地市局命名的小包，如“北京小包”“上海小包”。中国邮政小包属于性价比较高的物流方式，适合寄送较轻、量大、价格要求实惠且对时限和查询便捷度要求不高的产品，其资费标准、规格限制、跟踪查询、操作事项等内容可参考 http://11815.cn/index.html 以及 http://www.17track.net/cn/reportpost.shtml。

其他常用国际小包有：①新加坡小包：价格适中，服务质量高于邮政小包一般水平，是目前常用的手机、平板电脑等含锂电池商品的运输渠道。②瑞士小包：欧洲线路的时效性强，但价格较高，欧洲通关能力强，欧洲申根国家免关税。③瑞典小包：欧洲线路时效较快，俄罗斯通关及投递速度较快，且价格较低，是投往俄罗斯首选的物流方式，而且在某些时段，安检对带电池产品的管制没有那么严格，可用于寄递带电池产品。

从整体来看，采用邮政物流寄送商品，借助万国邮政联盟的庞大网络，具有寄送费用低、寄送方式简便、寄送范围广等特征。

2. 商业快递

商业快递寄送跨境电商商品的特征是速度快、运输过程可查询，缺点是物流费用普遍偏高。因此，采用快递寄送的跨境电商商品主要是一些货值高、重量轻的商品，如假发、饰品等。

（1）国际快递

国际快递，是指以国际商业快递巨头——敦豪航空货运公司（DHL）、TNT、美国联合包裹（UPS）等为主导的国际物流。这些国际快递商通过自建的全球网络，利用强大的 IT 系统和遍布世界的本地化服务，为海外用户提供优质的物流体验。这些物流巨头具有自主控制能力强、空运直飞时效快、包裹投递准确率高等优势，但快递费用昂贵，一般适用于 20 千克左右且时效要求高、货值高的物品。

DHL 于 1969 年成立于美国旧金山，现总部位于德国，是全球快递行业的市场领导者，也是全球第一大海运和合同物流提供商。中外运敦豪是 DHL 与中国对外贸易运输总公司合资成立的国际快递公司。DHL 的资费标准、规格限制、跟踪查询、操作事项等内容可登录 http://www.cn.dhl.com 查询。

TNT 成立于 1946 年，是全球领先的快递服务供应商，为企业和个人提供全方位的快递服务，总部设在荷兰阿姆斯特丹。TNT 快递在欧洲、南美、亚太和中东地区拥有航空和公路运输网络。TNT 的资费标准、规格限制、跟踪查询、操作事项等内容可登录其官网 www.tnt.com 查询。

UPS 成立于 1907 年，是全球最大的快递承运商和包裹递送公司之一，总部设在美国佐治亚州亚特兰大。UPS 拥有全球特快加急、全球特快、全球速快（俗称“红单”）、全球快捷（俗称“蓝单”）四种快递服务，其费用从高到低，相应地，速度从快到慢。全球速卖通主要采用后两种快递方式。UPS 的资费标准、规格限制、跟踪查询、操作事项等内容可登录 http://www.ups.com 查询。

表 2-1 是各个国际商业快递优缺点的比较分析。

表 2-1　几大国际商业快递的主要优缺点

国际商业快递	主要优点	主要缺点
DHL	覆盖面广，可寄达 220 多个国家和地区、12 万多个目的地，去北美、西欧有优势，适宜走小件；一般 2~4 个工作日可送达，到欧洲国家 3 个工作日可送达，到东南亚国家 2 个工作日可送达；网站更新及时，解决问题速度快	走小货价格较贵，适合发 5.5 千克以上，或者 21~100 千克的货物；物品限寄要求多，许多特殊商品是拒收的，另有部分国家不提供包裹寄递服务
TNT	送达国家多、网点全、速度快，2~4 个工作日可通达全球，送达西欧一般不超过 3 个工作日；通关能力强，可提供报关代理服务；可及时、准确、免费实时查询货物，无偏远派送附加费；在欧洲、西亚、中东及政治军事不稳定的国家有绝对优势；纺织品类大货到西欧、澳大利亚、新西兰有优势；有正规发票，可以送达沙特阿拉伯	要计算体积、重量，对所运货物的限制比较多；价格相对较高
UPS	一般 2~4 个工作日可送达，送达美国只要 48 小时；速度快，服务好；强项在美洲等线路，特别是美国、加拿大、南美、英国、日本，适合发快件；货物可送达全球 200 多个国家和地区，可以在线发货，在我国 100 多个城市可实现上门取货；查询信息更新快，遇到问题解决及时	要计算产品包装后的体积、重量，适合发 6~21 千克或者 100 千克以上的货物；对托运物品的限制比较多；运费较高

（2）国内快递

国内快递模式主要是指以顺丰速运和“四通一达”（申通快递、圆通速递、中通快递、百世汇通、韵达快递）为主导的跨境物流。在跨境物流方面，“四通一达”中，申通和圆通布局较早，美国申通于 2014 年 3 月上线，圆通在 2014 年 4 月与 CJ 大韩通运合作。而中通、百世、韵达也陆续启动跨境物流业务。

顺丰的国际快递业务较为成熟，2014 年进军跨境电商国际快递领域，顺丰国际是顺丰速运集团打造的国际电商物流服务平台，致力于为全球消费者和电商提供专业化的全球物流解决方案。顺丰国际利用顺丰在全球丰富的物流网络资源，为跨境电商企业提供保税仓储、海外仓储、集运和进出口电商包裹配送等服务。

顺丰速运跨境物流可送达美国、澳大利亚、韩国、日本、新加坡、马来西亚、泰国、越南等国家。截至2017年年末，其国际快递服务东南亚片区覆盖范围超过90%，国际小包服务网络触及全球225个国家和地区。顺丰提供四种快递服务——顺丰即日、顺丰次晨、顺丰标快、顺丰特惠，涉及跨境物流的是后两种。

顺丰标快从我国寄至韩国、日本、新加坡、马来西亚、美国、泰国、越南、澳大利亚等国需要3~5天。

顺丰速运的主要优点是国内网点分布较广，价格有一定竞争力；缺点是国际线路少。

3. 专线物流

跨境专线是随着跨境电商发展而兴起的一类物流服务方式，一般通过航空包舱方式运输到国外，再通过合作公司派送到目的国。其优势在于能够集中大批量到某一特定国家或地区的货物，通过规模效应降低成本，因此价格一般低于商业快递；其劣势是服务范围有限，目前主要有美国专线、欧洲专线、澳洲专线、俄罗斯专线、中东专线、南美专线、南非专线等。国内较为有名的专线物流公司包括递四方、三态速递等。

专线物流是介于国际快递和邮政小包之间的细分市场，价格较邮政小包贵、比国际快递便宜，时效快于邮政小包、慢于国际快递。

4. 海外仓

海外仓是在本国以外的国家和地区建立的海外仓库，为卖家在销售目的地提供货物仓储、分拣、包装和配送的一站式控制与管理服务。海外仓最大的作用是备货、快速发货。卖家将商品运输到目的国或地区的仓库，消费者线上下单后，商品直接从仓库分拣出库，送达消费者。典型的海外仓是亚马逊的指定仓库FBA（Fulfillment by Amazon），运输和配送等相关作业均由亚马逊团队完成。

2015年5月，商务部《“互联网+流通”行动计划》推出，不少电商平台和出口企业通过建设海外仓布局境外物流体系。海外仓的建设可以让出口企业将货物批量发送至国外仓库，实现目的地本地销售和本地配送①。目前，我国卖家建立海外仓的主要国家是美国、英国、德国、俄罗斯、澳大利亚和加拿大等。

这种新的国际物流形式，改变了传统的跨境电商物流方式，有利于解决跨境电商发展的痛点，鼓励电商企业“走出去”。一方面，出口企业通过海外仓实现直接发货和本地化运输，大大缩短了物流配送时间，提升了海外客户的购物体验，同时，客户收到货

① 2016年政府工作报告中的新词、热词。

物后能轻松实现退换货，从而改善服务，提高复购率；另一方面，海外仓降低了清关障碍，货物批量运输降低了运输成本，同时，仓储置于海外有利于海外市场的价格调配，降低海外竞争激烈程度。

海外仓包括头程运输、仓储管理和分拨配送三大作业环节。头程运输是指商家选择传统的国际海运、空运或国际快递等一般贸易出口方式将货物发往海外仓库；仓储管理是指商家通过物流商的信息系统，远程操控海外仓储货物，实时管理库存；分拨配送是指海外仓储中心根据订单信息，对货物进行包装、分拣和派送，通过当地邮政或快递将商品运送至客户手中。

（二）进口跨境电商物流模式

1. 一般进口物流模式

一般进口物流模式即传统的邮政、快递物流，甚至包括随身携带等模式（也被称为海淘、代购），与邮政、快递出口模式相对应。在跨境电商还未进入普通大众视野并受到重点关注时，多数跨境电商领域售卖的商品都通过此种途径入境，然后由国内快递运送至消费者手中。

2. 集运进口模式

集运进口模式又称“海淘转运模式”，由专业物流公司组织。买家在进口跨境电商网站下单后，由专业物流公司将货物在海外集运，再以国际贸易常用的海运或空运形式进口至境内。相比于邮政或快递等物流形式，集运进口模式能够有效降低物流成本。

2014 年 2 月，为适应跨境电商的快速发展，海关总署增列了“跨境贸易电子商务”（海关监管代码：9610）的监管代码，在规范邮政、快递物流的跨境电商出口的同时，允许跨境电商进口采用“清单核放、集中申报”模式，即在集运进口货物通关时集中逐项扫描，仍然将其看作以私人邮购、快件方式进境。

3. 保税进口模式

保税进口模式，是指进口跨境电商先将货物以国际贸易常用的海运或空运方式运至国内的保税区仓库，然后按照买家订单从保税区向买家寄送发货。相比于集运进口模式转运需要 10~15 天，保税进口模式在客户下单后可以直接从保税区发货，从而大大减少了运输时间，能够提升客户的购物体验。

保税进口模式突破了原有保税区的管理模式，为此海关总署于 2014 年 7 月出台了单独的监管模式“保税跨境贸易电子商务”（海关监管代码：1210），简称“保税电商”，俗称“备货模式”，目前在国内所有自贸试验区、跨境电商综试区、综合保税区、进口贸易促进创新示范区、保税物流中心（B 型）所在城市（及区域）执行。

整体而言，保税进口模式物流运费低、用时短，购物体验较好，但受到地域限制，并且可能产生库存积压，需要进口商使用大数据预测产品销量。

第二节 跨境电子商务支付

伴随电子商务的市场潮流，电子支付应运而生。电子商务的发展带动了第三方支付的快速增长。2021 年 1—10 月，跨境电商行业规模达 6.98 万亿元，同比增长 25.47%。跨境电子商务的发展带来了对跨境支付的巨大需求，推动了网上跨境支付业务的蓬勃发展。

一、跨境电子商务支付概要

跨境支付，是指两个或两个以上国家或地区之间因国际贸易、国际投资及其他事项发生国际债权债务，借助一定的结算工具和支付系统实现资金跨国和跨地区转移的行为。例如，我国消费者在网上购买国外商家的产品或国外消费者购买我国商家的产品时，存在币种的差异性，因此，需要借助一定的结算工具和支付系统实现两个国家或地区之间的资金转换，从而完成交易。

跨境支付是跨境电商活动的重要环节。目前我国跨境电商以支付宝、贝宝 PayPal 和其他境外电子支付平台作为主要的跨境支付方式。

（一）跨境电商支付在我国的发展历程

2013 年以前，我国第三方支付机构除银联以外都不能直接进行跨境支付业务，只能由银行完成结售汇和购汇业务，第三方支付公司虽然已得到国内电商消费者的广泛认可，但只能通过境外离岸公司间接完成跨境支付业务。随着跨境电商的蓬勃发展，传统的银行业务已经不能满足日益增长的支付要求，支持第三方支付公司开展跨境支付业务逐步被提上日程。

为了促进跨境电商的发展，国家外汇管理局于 2013 年在上海、北京、重庆、浙江、深圳开展支付机构跨境电子商务外汇支付业务试点，准许一批第三方支付公司提供跨境电商支付服务，交易范围包括货物贸易交易和部分服务贸易（如留学教育、酒店住宿和航空机票）跨境支付业务。2015 年 1 月，国家外汇管理局发布《国家外汇管理局关于开展支付机构跨境外汇支付业务试点的通知》，在全国范围内开展部分支付机构跨境外汇支付业务试点，标志着跨境电子商务相关的外汇管理制度初步建立。此后，国家累计批准全国 30 家第三方支付机构开展试点业务。通过试点支付机构，跨境电子商务支付基本可以在 1 个工作日内完成，大大快于原来通过境外支付机构所需的平均 7 个工作日。经过多年试点，截至 2020 年春季，有 15 家支付机构完成名录登记，拿到正式的跨境支付牌照[①]。

获得跨境支付牌照的第三方支付机构主动适应各种跨境电商交易平台的支付需求，不断创新跨境支付产品，承接了各种频繁的小额跨境支付业务，有力地支持了我国跨境电商的发展。

（二）跨境电商支付与传统国际贸易支付的区别

传统国际贸易的支付方式主要有三种：汇付、托收和信用证。这三种支付方式均需通过银行操作，适合金额比较大的交易。跨境电商是通过网络平台进行交易的一种新型国际贸易业态。其中，B2B 业务的金额介于大宗贸易和网络零售之间，既可以选择传统的国际贸易支付方式，也可以选择网银、信用卡及第三方支付工具。B2C 业务单笔金额小、下单频次高、对支付的便捷性要求较高，因此不适合传统的国际贸易支付方式；同时，银行支付程序较复杂、时效性较差，也不愿意为零散的跨境 B2C 交易提供支付服务。在跨境支付需求与供给不匹配的情况下，新型跨境电商支付手段应运而生。

跨境电商支付与跨境电商交易平台紧密联系，消费者可以在购物时通过平台链接的网银、信用卡、第三方支付工具直接进行支付。跨境电商支付可以满足货物贸易（如跨境网络零售业务）及服务贸易（如境外住宿、餐饮、留学缴费等服务）的支付需求。与传统的跨境支付方式相比，跨境电商支付具有以下特点：

1. 小额化、多频化

随着跨境网络零售的高速发展，国际贸易走向微型化，随时随地可能产生订单，金额很小。在跨境电子商务尤其是跨境网络零售的背景下，让买方通过银行托收或申请开立信用证不太现实，不仅速度慢，而且成本高。汇付对跨境小额 B2B 依然适用，但是对于跨境 B2C 来说，消费者更喜欢使用国际信用卡、第三方支付平台等足不出户就可以付款的网络支付工具，所以跨境电商支付的一大特点是支付金额较小、支付频次较高。

---

① 张莫，汪子旭．跨境支付外汇牌照正式落地 政策红利可期 [EB/OL]. 经济参考报，[2020-03-26].http：//www.jjckb.cn/2020-03/26/c_138918112.htm.

2. 支付方式信息化、电子化

跨境电商的支付方式与传统国际贸易和国内电子商务的支付方式具有相关性，与国内电商支付方式的相关性似乎更大一些。跨境电商的支付方式与国内电商一样，都要借助网络支付手段。国内电商支付中常用的网银、信用卡、第三方支付平台在跨境电商支付中都可以找到。跨境电商支付与国内电商支付相比，实际上多了一个外汇的问题，需要中间机构完成两种货币的转换，还需要解决外汇管制问题，因为国家通常会限制外汇兑换额度。

3. 担保方由银行向第三方支付机构转变

与传统国际贸易一样，跨境电商也涉及买卖双方的信任问题，即先发货还是先交钱的问题。在传统国际贸易中，银行通过信用证方式起到了支付担保的作用，而在跨境电商中，第三方支付平台，如 PayPal 和支付宝承担了类似的支付担保功能。以 PayPal 为例，买方下单后使用 PayPal 付款，PayPal 会即时把货款打入卖方账户。但是如果买方在 45 天之内对商品不满意，向 PayPal 提出争议，PayPal 会作退款处理，严重时会冻结卖方的账户。第三方支付机构的出现，较好地解决了跨境电商买卖双方的信任问题。

二、跨境电子商务支付的类型与流程

（一）跨境电商支付类型

我国跨境电子商务支付类型比较丰富，目前支持的方式主要有信用卡支付、第三方支付、线上转账和线下结算等。

1. 信用卡支付

跨境电商网站可以通过与国际信用卡组织或海外银行合作，开通接收海外银行信用卡支付的端口。这种方式多应用于从事跨境电子商务零售的平台和独立 B2C。目前国际上有五大信用卡组织：维萨（Visa）、万事达（MasterCard）、美国运通（American Express）、日本信用卡株式会社（Japan Credit Bureau，JCB）、大来卡（Diners Club）。大多数银行是 Visa 和 MasterCard 组织成员，因此，中国的跨境电商网站都会提供 Visa 和 MasterCard 的信用卡支付通道。

大部分外国消费者有使用信用卡支付的习惯，信用卡是欧美最流行的支付方式。此种方式方便快捷，符合境外消费者的消费习惯，是外贸商家的得力助手。但信用卡支付方式也有一定缺点：一是接入国际信用卡收款的程序比较复杂，而且需要预存保证金；二是信用卡收款费用较高，而且黑卡很多，存在拒付（chargeback）风险。信用卡拒付指的是持卡人在支付后一定期限内（一般为180天，某些支付机构可能规定更长的期限），可以向银行申请拒付账单上的某笔交易。由于网络交易和面对面交易的差异，无论卖家使用何种电子商务平台，此类风险都无法完全避免。

2. 第三方支付

第三方支付，是指具备实力和信誉保障的第三方企业和国内外各大银行签约，为买方和卖方提供信用担保的支付方式。在第三方支付平台担保下进行交易时，买方选购商品后，支付的款项不会直接转至卖方账户，而是先付给第三方支付平台，并由第三方支付平台通知卖方发货，买方收到商品后再通知第三方支付平台将款项打给卖方。在跨境电商中活跃着很多第三方支付公司，如PayPal、支付宝、WebMoney、QIWI Wallet、CashU等，其中，PayPal的国际市场占有率最高。

（1）PayPal

PayPal成立于1998年12月，总部在美国加利福尼亚州圣荷西市，是目前全球最大的在线支付提供商，全球有超过1亿个注册账户，是跨境交易中最有效的付款方式之一。PayPal支持197个国家和地区的交易，支持20多种币种，快速、安全而且方便。

对消费者而言，使用PayPal支付主要有三点好处：一是PayPal保证信息的安全，消费者不用将银行卡或银行账户的详细信息透露给他人；二是无论对方是谁，只要有其电子邮件地址，便可立即向其付款；三是注册方便快捷，只要是PayPal用户，就可参与到全球范围的市场交易中。从卖家的角度，利用PayPal收款同样安全、快速且方便。PayPal采用先进的商用加密技术，以保护数据和财务信息不被透露给其他人；在买家付款后即时到账；PayPal的各种工具还可以协助卖家管理交易，提高效率。

（2）国际支付宝Escrow

阿里旗下的支付宝在国内市场占有率极高，但是作为出口收汇的工具，仍需进一步在海外推广。现在国际支付宝已经接入了俄罗斯的WebMoney和QIWI Wallet、巴西的Boleto和TEF支付工具，以及国际信用卡组织Visa和MasterCard。从结构上，国际支付宝的支付模块可以被清楚地分割为四块：第一块专门用于信用卡支付；第二块专门用于俄罗斯用户支付；第三块专门用于巴西用户支付；第四块是全球化支付的线下汇款等方式。

（3）WebMoney

WebMoney是俄罗斯最主流的电子支付方式，俄罗斯各大银行均可自助充值取款。

（4）QIWI Wallet

QIWI Wallet是俄罗斯最大的第三方支付工具之一，其服务类似于支付宝。该系统使客户能够快速、方便地在线支付水费、电费、手机话费，以及网购费用，还能用来偿付银行贷款。

（5）CashU

CashU 隶属阿拉伯地区门户网站 Maktoob（雅虎于 2009 年完成对 Maktoob 的收购），主要用于支付在线游戏、电信和 IT 服务，以及实现外汇交易。CashU 允许用任何货币进行支付，但账面上始终以美元显示资金。CashU 现已为中东和独联体广大网民所使用，是中东和北非地区运用最广泛的电子支付方式之一。

（6）ClickandBuy

ClickandBuy 是独立的第三方支付公司，于 1999 年在德国科隆成立，2010 年被德国电信收购，拥有超过 13 万客户。商家在收到 ClickandBuy 的汇款确认后，在 3~4 个工作日内会收到货款。每次交易金额最低 100 美元，每天最高交易金额 1 万美元。

（7）Paysafecard

Paysafecard 支付手续简单而安全。除线上支付外，它还是欧洲游戏玩家的网游支付手段。用户可以用 16 位账户数字完成付款。要开通 Paysafecard 支付，需要有企业营业执照。

（8）LiqPAY

LiqPAY 是一个小额支付系统，一次性付款不超过 2500 美元，立即到账，无交易次数限制。LiqPAY 以客户的移动电话号码为标识。账户存款为美元，如果存入另一种货币，将根据 LiqPAY 内部汇率折算。

（9）NETeller

NETeller 可以理解为一种电子钱包或支付工具。可免费开通，全世界数以百万计的会员选择使用 NETeller 的网上转账服务。

（10）易宝支付（YeePay.com）

易宝支付成立于 2003 年，总部设在北京，是第一批获得跨境支付牌照的第三方支付公司之一。易宝支付聚焦行业，主要为各种跨境电商平台提供后台支付服务，如去哪儿网、港中旅、敦煌网、豌豆公主等，也是亚马逊网站的第三方支付合作公司之一。易宝支付的支付领域涵盖货物贸易、留学教育、航空机票、酒店住宿、国际运输、旅游服务、国际展览等。由于其主要为平台提供支付服务，并不为个人消费者所熟知。

3. 线上转账

（1）Moneybookers

Moneybookers 诞生于 2002 年 4 月，是一家极具竞争力的网络电子银行，也是世界上第一家被政府官方认可的电子银行。其相关费用为，从银行转入资金，免费；从信用卡转入资金，手续费 3%；提现到银行，固定费用 1.80 美元 / 笔；通过支票提现，固定费用 3.50 美元 / 笔。其优点是，以电子邮箱为支付标识，付款人不需要泄露信用卡等个人信息；客户必须激活认证才可以进行交易；登录时以变形的数字作为认证手续，以防止自动化登录程序对个人账户的攻击；只需要收款人的电子邮箱地址就可以汇款；可以通过网络实时进行收付款。其缺点是不允许客户多账户，一个客户只能注册一个账户。

（2）Payoneer

Payoneer 成立于 2005 年，是一家总部位于纽约的在线支付公司，主要业务是帮助其合作伙伴将资金下发到全球，同时为全球客户提供美国银行、欧洲银行收款账户，用于接收欧美电商平台和企业的贸易款项。其优点体现在三个方面：一是注册方便快捷，能够利用中国身份证在线注册 Payoneer，并且自动绑定美国银行和欧洲银行账户；二是中国企业能够像欧美企业一样接收欧美公司的汇款，并通过 Payoneer 与中国支付公司的合作完成线上的外汇申报和结汇；三是费用较低，电汇设置单笔封面价，人民币结汇手续费不超过 2%。这种方式适用于单笔资金额度较小但是客户群分布较广的跨境电商网站或卖家。

4. 线下结算

线下结算以汇款模式为主，适用于大额交易。

（1）银行电汇

电汇是传统的大宗 B2B 付款模式，适合大额交易的付款。电汇费用根据银行的实际费率计算，买卖双方各自承担所在地的银行费用。买家公司银行收取的手续费，由买家承担；卖家公司银行收取的手续费，由卖家承担。其优点是收款迅速，几分钟到账；先付款后发货，保证卖家利益不受损失。其缺点是先付款后发货，容易造成买家的不信任；客户群体小，限制商家的交易量；数额较大时，手续费偏高。

（2）西联汇款

西联汇款是西联国际汇款公司的简称，是世界领先的特快汇款公司，可以在全球大多数国家和地区的西联代理所在地汇款和提款。这种汇款方式手续费由买家承担，对买家来说风险极高，对卖家来说最划算，可先提款再发货。在卖家未领取钱款时，买家可以将支付的资金撤销。其优点是安全性高，到账速度快；缺点是手续费较高，需要买卖双方到当地银行柜台实地操作。其适用范围是 1 万美元以下的小额支付。

（3）速汇金汇款

速汇金汇款是 MoneyGram 公司推出的一种快捷、简单、可靠的国际汇款方式。该公司在全球 197 个国家和地区拥有超过 30 万个代理网点。收款人凭汇款人提供的编号即可收款。单笔速汇金最高汇款金额不得超过 1 万美元（不含），每人每年凭本人有效身份证件可结汇等值 5 万美元（含）。其优点是速汇金汇款在汇出后 10 分钟即可到达收款人手中；在一定的汇款金额内，汇款的费用相对较低，无中间行费，无电报费；手续简单，汇款人无须选择复杂的汇款路径，收款人无须预先开立银行账户，即可实现资金划转。其缺点是汇款人及收款人均必须为个人；必须为境外汇款；客户如持现钞账户汇款，需交纳一定的钞变汇的手续费。国内目前有中国工商银行、交通银行、中信银行 3 家银行代理速汇金收付款服务。

（4）中国香港离岸公司银行账户

卖家可以通过在中国香港开设离岸银行账户，接收海外买家的汇款，再从中国香港账户汇到内地账户。其优点是接收电汇无额度限制，不需要像内地银行一样，受到 5 万美元的年汇额度限制；不同的货币也可直接自由兑换。其缺点是中国香港银行账户的钱最后还需要转回内地账户，比较麻烦；可能滋生地下钱庄等不合法方式，导致资金风险和法律风险。这种方式对传统外贸及跨境电商都适用，但一般适合已有一定交易规模的卖家。

（二）跨境电商支付流程

跨境电商支付业务发生的外汇资金流动，必然涉及资金结售汇与收付汇。我国跨境电商有两个方面的需求：一是中国消费者在跨境电商平台上购买国外的商品或服务，需要把人民币转换成外币，打入国外卖家的账户，也就是跨境电商进口的付汇业务；二是中国卖家在跨境电商平台上出售货物或服务，需要把国外消费者通过信用卡或第三方支付工具支付的外币转换成人民币，再打入中国卖家的账户，即跨境电商出口的收汇业务。

1. 跨境电商进口付汇流程

（1）中国消费者付款

中国消费者在跨境电商交易平台上购买货物或者服务时，需要进入平台链接的支付页面进行支付。交易平台通常会提供丰富的支付方式，如网银支付、App 支付、快捷支付和扫码支付等。各种支付方式都连接着消费者在某家银行的账户，银行会根据消费者的支付指令把相应款项打给交易平台，而第三方支付机构就在交易平台的后台接收这些款项。

（2）支付单推送

由于这些款项需要出境支付给国外的卖家，因此需要接受我国海关及国家外汇管理局的监管。中国消费者支付款项后，交易平台会形成支付单，并向海关推送。

（3）购汇

海关批准支付单后，第三方支付机构通过在银行开立的外汇备付金账户进行购汇操作。根据《支付机构跨境外汇支付业务试点指导意见》（以下简称《指导意见》）的规定，支付机构为客户办理结售汇及跨境收付业务均应通过外汇备付金账户进行。外汇备付金账户管理同时应符合中国人民银行外汇备付金账户管理的规定。

第三方支付机构根据当天外汇牌价向银行进行购汇。根据《指导意见》，支付机构可集中为客户办理收付汇和结售汇业务，并按照要求实现交易信息的逐笔还原，且单笔交易金额不得超过等值 5 万美元。

（4）付款

第三方支付机构将每笔交易支付购得的外汇通过 SWIFT 通道转入境外卖家在境外银行的外币账户，完成付汇。

2. 跨境电商出口收汇流程

（1）境外买家付款

中国卖家可以选择在国内或者国际的跨境电商平台上开店铺，前者如阿里巴巴国际站、全球速卖通、敦煌网、中国制造网，后者如亚马逊、eBay。外国消费者在平台上下单支付，中国卖家要方便、安全地收汇。外国消费者习惯用信用卡或者第三方支付工具进行网络支付，国内第三方支付机构需要做的业务就是外卡收单。

（2）汇款

第三方支付机构与跨境电商交易平台对接，把外国消费者支付的款项划入第三方支付机构在境外的外币账户，再从境外账户汇入其在国内的外汇备付金账户。

（3）售汇

第三方支付机构按照当日外汇牌价出售外汇货款，换成相应数量的人民币。结售汇也要符合国家外汇管理局和《指导意见》的规定。

（4）收款

第三方支付机构将兑换后的人民币打入中国卖家的人民币账户，完成收款。

三、跨境电子商务支付的风险与防控

（一）跨境电商支付存在的风险

1. 第三方支付监管存在漏洞

虽然国家对第三方支付机构颁发牌照，制定了监管政策，但是不可能对公司运营做到全面监管。一方面，交易双方的各项信息和资金流向不能被完全掌握，外汇监管部门无法对其进行全面的监督管理；第三方支付平台往往存在资金安全问题，加之其用户呈现多样化和分散化特征，外汇监管部门不能进行有效监管，也不能统计其真实的收支状况；由于第三方支付机构不需要立即还原每笔用款，而是经过一段时间再统一申报，因此难免出现误差和统计错误。另一方面，第三方支付机构作为连接付款国家或地区和收款国家或地区的媒介，可以采取丰富的手段完成货币的转换。部分中国收款方为避开5万美元的年用汇额度，用开设香港离岸账户等手段少报税或者逃税，给我国外汇监管带来一定的挑战。总之，虽然第三方支付机构的运营比银行要灵活得多，适应跨境电商发展的需要，但是在监管方面还是存在漏洞。

2. 跨境支付信用体系尚不完善

在现实生活中，交易双方往往会因为信用问题产生纠纷，如已经完成付款的买家迟迟没收到卖家的货物，抑或早已发出货物的卖家却一直未收到买家付款。面对潜在的信用风险，银行或第三方支付平台难以甚至基本不能掌握交易双方的信用状况以及实际的支付纠纷，完善的跨境支付信用体系尚未建立起来。此外，在信用等级不同的国家或地区，由于监管体制、宗教信仰、民族文化等多方面存在差异，归属某个国家或地区的第三方支付平台并不能对所有国家或地区的主体采取一视同仁的态度。例如，PayPal在处理支付纠纷时比较倾向于站在买家立场，这对我国跨境电商出口来说非常不利。

3. 资金沉淀风险

第三方支付的主要特点是可以在电子商务环境下，避免网上交易可能产生的信用风险，保证电子商务资金流和物流的有序流转。但在第三方支付的运营过程中，交易双方的资金流转普遍存在延时交付和清算，这就造成了第三方支付机构的资金沉淀。跨境电商由于物流链条长、国际结算账户周期加长，资金沉淀更为严重。

这些资金储备，一部分来源于买家。在买家完成交易支付后，货款被划入第三方支付平台的账户中，当买家在系统中确认收货以后才划入卖家账户，在这个过程中，时间差导致的资金停留是一种资金沉淀。另一部分来源于卖家。卖方需要缴纳一笔按提取比例或提取次数计算的额外手续费才能从该账户中提取现金，而且卖方一般会选择一次性支取滞留在账户里的钱款以降低提现成本，手续费加延迟提款都增加了资金沉淀量；此外，支付平台也有规定要求卖家预留备付金，以便应对交易纠纷产生的退款，这在一定程度也增加了资金的沉淀量。

第三方支付平台庞大的资金量相应地带来了巨大的资金沉淀风险，可能引发洗钱、套现等非法行为，或是由于资金调度不及时等造成管理失误继而产生流动性风险，等等。

4. 非法交易风险

电子商务由于存在虚拟性和隐匿性，易为不法分子利用进行欺诈、赌博、贿赂、洗钱、逃汇套汇以及逃税漏税等，严重损害了交易者的利益，而且影响了国内市场秩序，部分电子支付机构甚至在不知情的情况下为非法资金流动提供了渠道。同时，支付机构对参与其中的交易双方缺乏科学、严密的审查与监管，难以掌控大量的日常电子交易数据，也没有精力去辨别资金的真实来源与去向；此外，对于设立在国外的支付机构，国内相关监管部门更是无法掌握其客观真实信息，跨境欺诈和违法交易屡有发生，却仍难以防控其风险。

5. 信用卡套现风险

信用卡套现，是指持卡人通过非正常合法手段将卡中信用额度内的资金以现金的方式套取，同时又不支付银行提现费用的行为。在电子商务交易中，银行、客户、买卖双方之间无实质性接触，给核实交易主体带来很大难度，使信用风险与洗钱风险易发、高发。一方面，第三方支付机构相比银行系统，监管不够成熟、管理体系较差，因此难以保证交易主体的真实性与合法性，甚至有些人可能通过制造虚假交易、非法转移资金而套现。另一方面，国际信用卡客户可以利用第三方支付平台的“账户充值”功能，先在多家银行办理信用卡充值，然后再将钱转入借记卡实现套现。这种利用第三方支付平台入境套现的问题为境外热钱流入提供了可能。

6. 地下钱庄问题

由于国家对外汇使用的限制，很多中国个人卖家无法通过正常渠道结汇，于是采取多种变通渠道：使用多个账号结汇，让亲戚帮忙结汇，采用离岸公司接收款项并转账。在这种需求的支配下，出现了专门从事外汇兑换业务的地下钱庄，可以较低的费率帮助中国卖家从国外收汇，并通过各种渠道转到卖家账户。这种流入结汇方式属于违法行为，目前在虚拟游戏产品交易中存在一定市场，应予以禁止。

（二）跨境电商支付风险的防控措施

1. 对个人购汇的限制

目前，我国对个人购汇的限制是5万美元/（人·年）。不管持卡人使用哪家银行的银行卡购买境外商品，都会在国家外汇管理局留下记录，发卡机构都可以查到持卡人已使用外汇的额度。同时，个人结汇的限制也是5万美元/（人·年），如果是C2C的卖家，个人收汇也会受到额度限制。

2. 对第三方支付机构的监管

目前我国在跨境支付领域的监管办法有《跨境贸易人民币结算试点管理办法实施细则》，在试点区域实施跨境支付监管且重点关注支付安全问题；《电子支付指引（第一号）》，包含对电子支付的法律界定、服务申请程序、规范等内容，重点界定了支付损失责任；《支付机构客户备付金存管办法》，主要是关于客户备付金存管银行的相关条例；《支付机构互联网支付业务风险防范指引》，从支付安全保障和资金安全两个方面对支付机构提出了相应要求，规范支付机构的日常操作；《非金融机构支付服务管理办法》，主要针对非金融机构支付服务的各项内容，如准入门槛、终止业务机制，以及支付各方的权利与义务等；《支付机构跨境电子商务外汇支付业务试点指导意见》，主要对小额跨境电商支付交易的规范性提出要求，重点是机构准入与业务管理等方面。

其中，《支付机构跨境电子商务外汇支付业务试点指导意见》规定，支付机构仅对具有真实交易背景的跨境电子商务交易提供跨境外汇支付服务，范围包括货物贸易交易和经国家外汇管理局审核同意的服务贸易交易背景的跨境，不得开展无外汇支付业务。

支付机构应依据现行的经常项目外汇账户管理相关规定，开设外汇备付金账户（payment institute account），账户名称结尾标注"PIA"，通过外汇备付金账户办理跨境代收、代付业务；此外，支付机构还可以选择其境内人民币备付金存管银行，在其开设存管银行备付金账户，根据业务需要最多可以选择三家境内商业银行进行合作，每家可开立一个外汇备付金账户。上述两个账户都可以办理集中外汇收付。

支付机构外汇备付金账户纳入外汇账户管理，银行应将数据填报在"支付机构外汇备付金账户"项下。客户外汇备付金账户资金与支付机构自有外汇资金应严格区分管理，不得混用①。自有外汇收支运用应遵循现行机构外汇管理的规定。

支付机构可集中为客户办理收付汇和结售汇业务，但应实现交易信息的逐笔还原轧差收付汇和结售支付。机构应在当日内办理结售汇业务，及时向客户支付，不得故意延

①《支付机构跨境电子商务外汇支付业务试点指导意见》第15条。

迟支付。支付机构为客户集中办理结售汇业务时应按照银行提供的汇率标价，不能自行变动汇率。关于交易支付中所需要的手续费、交易退款涉及汇兑损益分担等，支付机构应与客户事先达成协议。交易发生退款的支付机构应按原路、原币种退回的原则在银行办理，并进行跨境收支申报。

四、跨境电子商务支付的外汇管理与金融监管

跨境电子商务的发展促进了跨境支付业务的蓬勃发展，而跨境电子商务的资金转移又不可避免地会涉及支付机构跨境支付的外汇管理。国家外汇管理部门通过认真规范跨境支付业务行为来保持其持续健康地发展。

（一）跨境电商支付的外汇管理

外汇管理广义上是指一国政府授权国家的货币金融当局或其他机构，对外汇的收支、买卖、借贷、转移以及国与国之间结算、外汇汇率和外汇市场等实行的控制和管制行为；狭义上是指对本国货币与外国货币的兑换实行的一定限制。

《中华人民共和国外汇管理条例》由国务院于 1996 年 1 月 29 日发布，1996 年 4 月 1 日起实施，根据 1997 年 1 月 14 日《国务院关于修改〈中华人民共和国外汇管理条例〉的决定》修订，2008 年 8 月 1 日国务院第 20 次常务会议修订通过。这是我国外汇管理的基本行政法规，主要规定了外汇管理的基本原则与制度。

为有力推动跨境电子商务健康发展，有效防范互联网外汇支付风险，国家外汇管理局在总结前期经验的基础上，于 2015 年 1 月 20 日发布了《支付机构跨境外汇支付业务试点指导意见》，在全国部分范围内开展跨境电商外汇支付业务试点。

由于跨境电子商务以及跨境电子支付尚属新兴事物，涉及参与方众多，相关的法规和政策也在逐步完善中。跨境电子商务中的外汇管理包括以下几个重点方面：

1. 市场准入及第三方支付企业的资质

跨境支付的线上支付方式能够突破时空限制，将其业务触角触及世界，把世界范围的企业和个人都变成其潜在客户。当跨境支付的平台功能做大，经济金融信息以及资金链等日益在平台聚集，任何资金短缺、经营违规、系统故障、信息泄露等问题都会引发客户外汇资金风险以及业务风险。因此，跨境支付的市场准入规范作为行业门槛尤其重要。

第三方支付企业有必要依据商业银行办理结售汇业务的准入标准，从外汇业务经营资格、业务范围、监督等方面建立规范的跨境业务准入机制，避免不够条件的支付机构办理跨境支付及相应的结售汇代理业务。

2. 第三方支付企业的外汇监管

第三方支付企业在跨境电子商务外汇管理中是一个非常特殊的主体，对其外汇监管需要注意两个问题：①在跨境电商的外汇收支管理中，第三方支付企业具有一定程度上的外汇政策执行和管理职能，因此其与银行类似，也可以认为是外汇管理政策的执行者和监督者；②第三方支付企业的主要功能是为交易双方提供货币资金支付清算服务，属于支付清算组织的一种，与传统的金融机构又有所区别。因此，对第三方支付企业经办的跨境外汇收支业务进行管理时，需要从外汇管理的政策法规以及管理制度等方面进行规范。

3. 交易真实性与合法性的审核

由于跨境电子商务多通过互联网进行，其交易真实性比传统进出口贸易更加不确定。这主要源于两个方面因素：①经常项目下跨境交易具有电子化和虚拟化特征；②交易方不直接参与，而是由第三方支付平台作为代理方办理收付汇业务，因此银行很难完全掌握境内外交易双方的真实信息，交易的真实性以及资金支付的合法性都难以审核。

跨境交易真实性以及资金支付合法性的审核难题，为资本项目混入经常项目办理网上跨境收支提供了途径，导致非法资金流出或流入，更有甚者出现了通过制造虚假交易洗钱等的犯罪活动。

4. 跨部门协调

对跨境电子商务交易的管理，涉及外汇、银行、工商、税务、海关、质检等多个监管部门，需要各部门协调配合。外汇局在管理跨境电子商务支付时更应该主动与各部门沟通，相互配合，实现有效管理。

外汇局应对拥有跨境支付牌照的企业实施有效的外汇管理，第三方支付企业只有获得准入资质后才能办理跨境支付交易，否则，外汇局应及时通报给有关部门并进行处理。跨境电子商务支付中如果遇到大额的、可疑的信息，银行需及时报送中国人民银行反洗钱管理部门，外汇局要积极、及时督促银行这一行为，主动联合反洗钱部门，尽可能杜绝不法分子利用跨境支付开展洗钱活动。

外汇局要主动与海关进行信息互通，实现物流、资金流的相互匹配，如若出现“低报高出”“高报低出”以及“低报高付”等现象，可能涉及走私、骗税等行为，应及时移交相关部门采取措施。

对于达到一定金额的跨境服务贸易交易，外汇局要求银行除审核合同或发票外，特别需要审核税务部门出具的完税凭证，并定期将境内交易方通过第三方支付平台支付的产品和贸易数据通报给税务部门，配合进行税收征管，防范限额以下服务贸易逃税或者逃避税收监管。

（二）跨境电商支付的金融监管

根据第三方支付的特点和支付流程，对跨境电商支付的金融监管应重点关注准入及退出机制、资金沉淀、反洗钱等方面。近年来，中国人民银行先后出台了一系列法规和政策对第三方支付机构进行规范。

2010 年 9 月 1 日开始施行的《非金融机构支付服务管理办法》首次确定了第三方支付企业的法律地位，并将其正式纳入国家支付体系监管中。该办法对申请支付牌照的企业设定了一定的准入门槛，规定未经中国人民银行批准，任何非金融机构和个人不得从事或变相从事支付业务。为配合该办法的实施工作，中国人民银行于 2010 年 12 月发布了《非金融机构支付服务管理办法实施细则》。

2012 年 3 月 5 日《支付机构反洗钱和反恐怖融资管理办法》正式施行，该办法对依据《非金融机构支付服务管理办法》取得“支付业务许可证”的非金融机构，从客户身份识别、交易记录保存、可疑交易报告、反洗钱和反恐怖融资调查、监督管理等方面进行了规范，并明确了法律责任。

2012 年 11 月 1 日《支付机构预付卡业务管理办法》开始施行。2013 年 6 月 7 日施行的《支付机构客户备付金存管办法》针对非金融机构支付业务的市场准入，在资金管理方面，对客户备付金的权属关系、存管方式、与实缴货币资本的比例等作出了规范性要求。

2016 年 7 月 1 日《非银行支付机构网络支付业务管理办法》正式施行，对依法取得“支付业务许可证”，获准办理互联网支付、移动电话支付、固定电话支付、数字电视支付等网络支付业务的非银行机构，从客户管理、业务管理、风险管理与客户权益保护、监督管理等方面进行了规范，并明确了法律责任。

第三节　跨境电子商务外贸综合服务

一、跨境电子商务外贸综合服务概要

外贸综合服务企业为跨境电商商家提供外贸进出口“一条龙”服务，典型企业

如2010年11月被阿里巴巴集团收购的深圳市一达通企业服务公司（以下简称“一达通”）。

（一）外贸综合服务的定义及特征

外贸综合服务是指以中小微企业为服务对象，以电子商务为工具，以进出口业务流程服务外包为内容，以供应链服务平台为依托，采用流程化、标准化服务，为中小微外贸企业提供一站式通关、物流、退税、外汇、保险、融资等政府性服务或商业性服务。其主要特征如下：

1. 主要服务对象为国内的中小微外贸企业

外贸综合服务企业的服务对象主要是国内的中小微外贸企业。由于该类企业进出口额不是很大，外贸流程处理不是很频繁，但外贸流程处理专业性很强，中小微外贸企业没有必要为此设岗，通常把外贸流程业务外包给外贸综合服务企业。

2. 提供一站式服务

外贸综合服务企业深入企业交易流程，根据流程环节建立服务模型，通过互联网为中小微企业提供通关、物流、退税、外汇、保险、融资等标准化、规模化、集约化的一站式服务。

3. 创新盈利方式

外贸综合服务企业的出现，改变了只能依靠控制成本获取差价的获利模式。其贯通产业链整体，联合各个环节企业，形成休戚与共的利益共同体，以提供资金、信息、物流等增值服务为主要业务，利用信息、专业技能和人力资源等方面的优势赚取增值利益，是一种新的盈利方式。

（二）外贸综合服务的产生背景

受到人民币升值、原材料价格上涨、用工成本攀升，以及国际市场疲软、欧债危机、新冠肺炎疫情等因素的影响，我国中小微企业面临的外贸环境十分不景气。同时，严重的资金短缺使中小微出口型企业的生存更加艰难。过去，中国外贸出口的最大优势在于价格低廉，但中国制造业低成本的时代已一去不复返。随着中国外贸进入微利时代，服务的作用将会从初期的忽略不计向产生决定性影响转变。

（三）外贸综合服务企业的作用

1. 支持外贸转型升级，扩大贸易参与群体

当前中国外贸的核心问题不是产品制造的问题，也不是西方市场需求的问题，而是配套外贸服务的问题，尤其是金融服务。中国外贸发展几十年，生产能力已经得到了长

足发展，然而交易方式依然维持着 30 年前的现款现货模式（现今国际上信用付款的比例越来越高，美国已达 75%，而中国只有 10%，其中，中小微企业更是低于 3%），金融服务不足导致的交易方式落后极大地阻碍了中国外贸的健康发展。外贸综合服务平台通过介入交易流程，获取交易环节数据及信息，以第三方服务平台的角色验证企业贸易的真实性，从而解决了中小微企业与银行等金融机构之间信息不对称的问题，打通了金融机构与中小微企业之间的障碍。将金融服务引入外贸交易的过程中，实现了外贸交易方式与国际接轨，引导中国外贸转型升级。同时，基于电子商务平台的外贸流程服务，突破了外贸的地域性，扩大了外贸参与群体。

2. 有利于中小微企业商业信用的建立

企业商业信用，尤其是中小微企业商业信用缺失一直是中国社会经济中的一个难题，也是中小微企业融资难的根源所在。外贸综合服务平台深入中小微企业对外贸易的各个关键环节，能够获取最为全面、客观、真实的交易信息，并将这些重要信息传递给银行等金融机构，以更好地开展融资分析。随着企业交易的重复进行，这些信息得以不断累积和完善，从而有助于建立起一套动态可监控的企业商业信息系统，成为中小微企业商业信用基础，全面激活中小微企业的融资系统。

3. 帮助中小微企业降低成本，做精做细

外贸综合服务企业大多拥有专业的通关、物流、税务、金融、法务人员，能够为企业处理通关、物流、外汇结算等全套业务流程，极大地提高了中小微企业进出口业务处理能力，提升了外贸效果。外贸综合服务企业依托平台整体规模优势，能够实现对物流、金融、保险等多方面资源的整合，这是个体规模不大且需求分散的中小微企业难以完成的，有效解决了中小微企业在金融、物流、通关、渠道等各环节严重缺少议价能力的问题，降低了中小微企业的外贸交易成本。外贸综合服务企业通过将服务引入企业经营的方式，帮助企业专注核心业务，做精做细。

4. 协助优化政府监管服务资源，扩大进出口

外贸综合服务平台对国内外中小微企业业务进行批量化处理，统一与海关、税务、商检等监管部门开展业务，对各中小微企业业务根据监管部门的标准采取预审方式进行梳理，有利于扩大进出口。出口方面，有助于减少政企矛盾，降低社会成本，起到协助、优化外贸监管部门工作的作用；进口方面，有助于海外中小微企业解决不熟悉中国进口手续问题，使海外供应商出口中国与出口其他国家一样方便，扩大进口范围和效率。

二、跨境电子商务外贸综合服务企业的运行方式及流程

（一）外贸综合服务企业的运行方式

外贸综合服务企业就是利用信息化手段整合传统外贸供应链中各环节资源，在合规的前提下，进行标准化作业，缩短供应链，为广大中小微外贸企业提供信息、物流、通关、外汇、退税、金融等一体化全流程服务的企业。

其运行机制如图 2–1 所示：

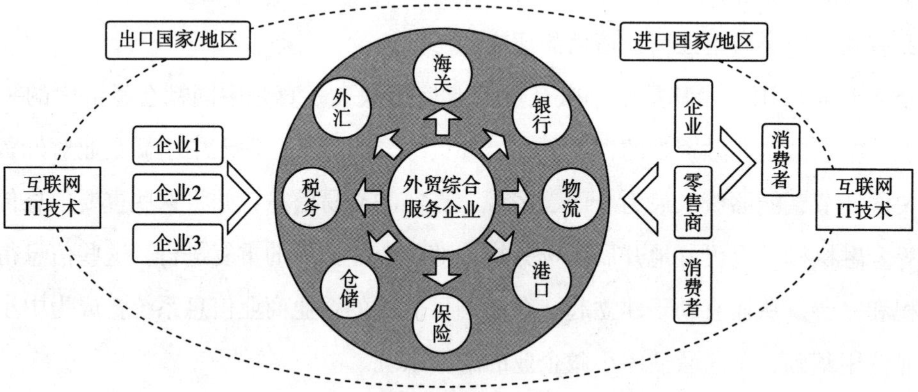

图 2–1　外贸综合服务企业运行机制

（二）外贸综合服务企业的运行流程

2013 年 8 月，《国务院办公厅关于促进进出口稳增长、调结构的若干意见》（国办发〔2013〕83 号）指出，“要充分发挥外贸综合服务企业的作用，为中小民营企业出口提供通关、融资、退税等服务，抓紧研究促进外贸综合服务企业发展的支持政策”，第一次提出了“外贸综合服务企业”这一概念。至今，我国涌现出一批外贸综合服务企业。下面以一达通为例，介绍外贸综合服务流程。

一达通的进出口服务包含进出口通关、物流、外汇、退税、融资的全流程：以通关、外汇进出口监管环节为基础，保证贸易的真实性；以融资为核心，转变外贸交易方式，提升外贸竞争力；以物流为辐射，形成线下服务网络（见图 2–2）。

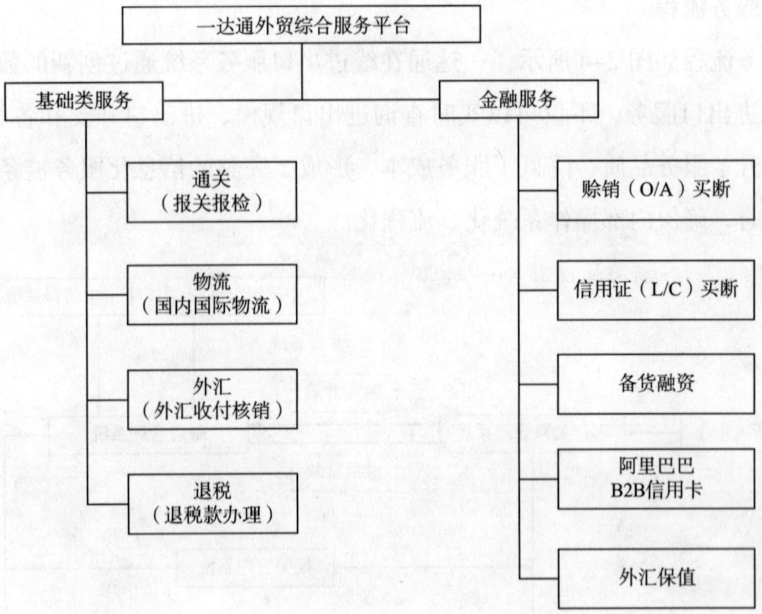

图 2–2　一达通外贸综合服务平台

1. 外部服务流程

如图 2–3 所示，针对中小微企业，坚持简便、快捷、安全、实用的原则，采用专人对接、团队服务的方式提供服务。

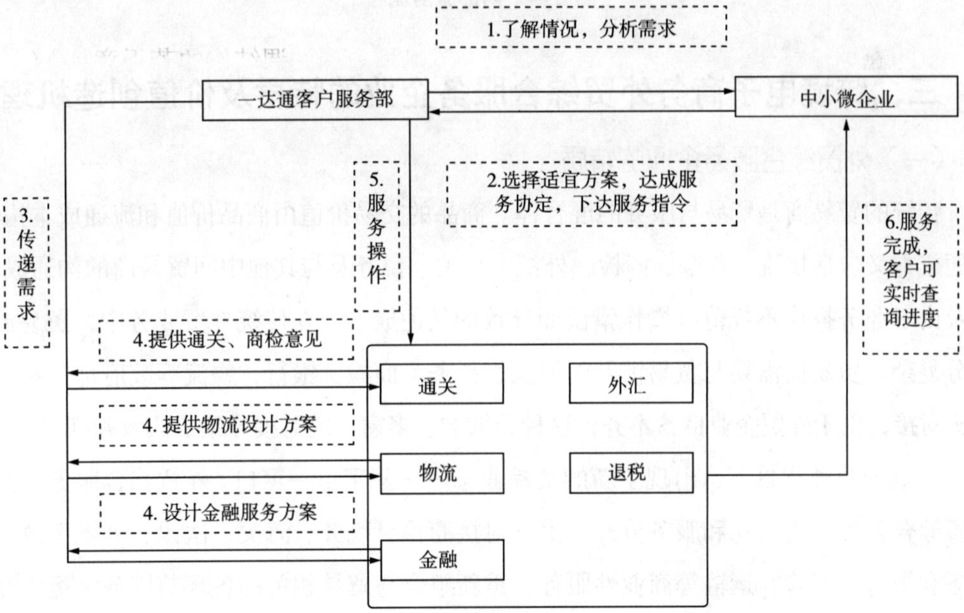

图 2–3　外部服务流程

2. 内部服务流程

内部服务流程如图 2–4 所示，一达通在线进出口服务系统通过创新的数字化、标准化流程提供进出口服务，不仅可以实时查询进出口规模、进出口开支和各类文件往来，而且大大提升了服务品质、降低了服务成本，形成了完整的信息化服务链条，在外部操作简单的同时，确保内部操作系统化、流程化。

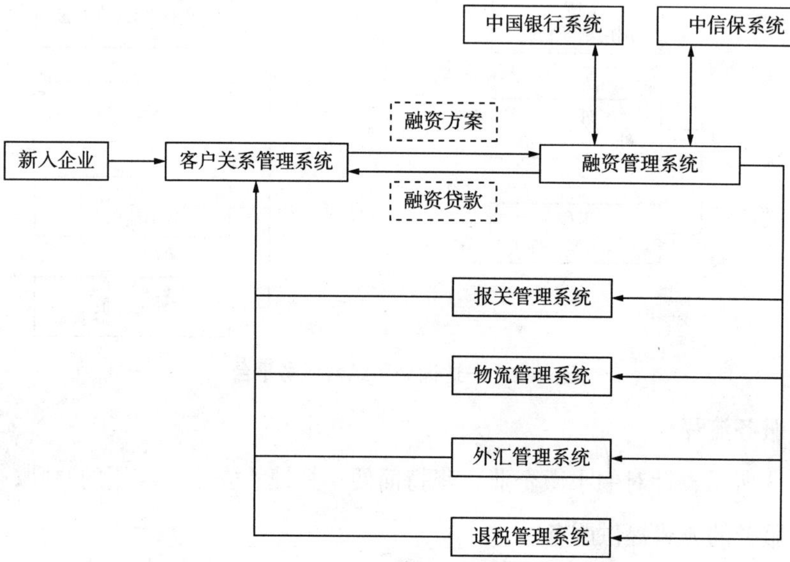

图 2–4　内部服务流程

三、跨境电子商务外贸综合服务企业的特质及价值创造机理

（一）外贸综合服务企业的特质

传统的贸易商是贸易与服务的混合体。商品的交易价值由商品价值和流通成本构成，流通成本又包括物流、资金、商检、外汇、海关、税务及与其他中间贸易商的沟通成本，以及由于业务操作不规范或操作错误而导致的其他成本。在传统外贸业务中，贸易流程十分复杂，贸易商需要与贸易涉及的海关、税务、商检、银行、物流等政府部门和企业多头对接，由于外贸企业良莠不齐，这种分散的、多窗口的对接导致了低效和高成本。

在电子商务背景下，出现了新的贸易业态——基于单一窗口 / 外贸综合服务企业的外贸综合服务，将贸易和服务分开，由其对接商检、税务、海关、法律、外汇等政府性服务和银行、保险、运输等商业性服务，重新组合与贸易相关的各环节服务，运用互联网 IT 技术打通与各环节窗口、数据的对接，从而实现集约化、标准化、规模化的外贸综合服务，重构全球贸易价值链，并据此进行新的价值创造。

从本质上来看，外贸综合服务企业并没有改变传统的贸易流程，只是运用互联网IT技术，使分工更加专业、有效（见图2–5）。

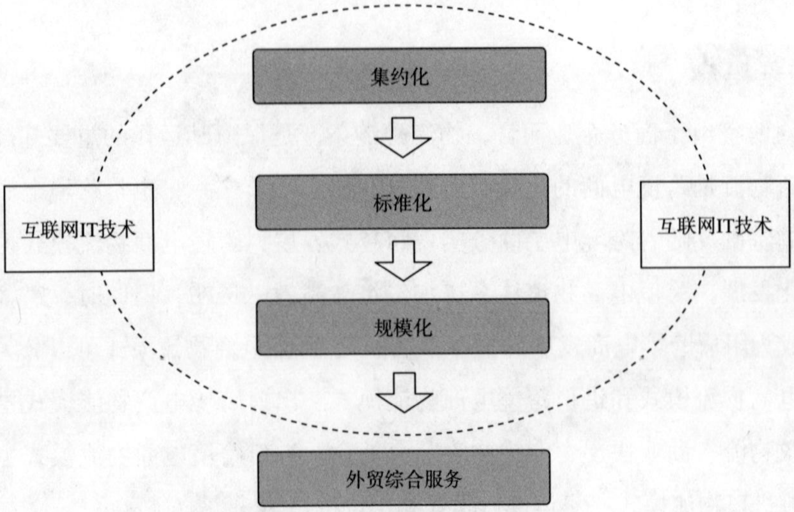

图2–5　外贸综合服务的本质

（二）外贸综合服务企业的价值创造机理

1. 为中小企业降低流通成本，提高竞争力

据统计，非制造成本占到我国企业经营成本的45%，外贸出口中综合物流开支占比高达30%，是国外的1倍以上，严重影响了我国企业的市场竞争力。集约化、标准化、规模化的外贸综合服务企业以电子商务平台为载体，为中小微企业提供进出口贸易过程中的通关、物流、金融等具有共性的交易流程外包服务。外贸综合服务企业通过标准化、规模化、信息化的操作模式提升服务效率，降低企业运营成本。具体来看，实施供应链管理外包可以将运输成本下降5%~15%，将整个供应链的管理运作费用减少10%~25%；最高资质的通关速度能规避交期延误的风险，使企业的准时交货率提高15%，订单处理周期缩短25%~35%。

2. 基于服务交易数据建立企业信用保障体系，创造金融服务价值

外贸综合服务企业凭借自身系统的处理能力，可以将其积累的大量交易数据，作为企业信用保障额度的确定依据，为中小微企业提供贷前、贷中和贷后一体化的综合资金管理体系；此外，还可以利用这些数据判定是否帮助供应商向买家提供跨境贸易安全保障，形成中小微企业的商业信用基础；另外，还可以为金融机构进行信息采集提供有效的存贷依据，降低贷款风险，并且跟进贷后资金运营监控，保证资金应用方向。这些措

施能够全面激活中小微企业的融资系统，有效缓解中小微企业的生产运营资金压力，帮助银行改变传统以“存贷差”为主的盈利模式，扩大银行业务对象和范围。

本章重点

对跨境电子商务企业而言，物流是链条，是保障其运作的重要基础。跨境电商物流是跨境电商的重要组成部分和核心环节之一，也是跨境电商优势发挥的基础。随着跨境电子商务实现跨越式发展，跨境电商物流模式也呈现多样化发展，跨境电商物流体系更加经济、高效、透明，但同时，跨境电商物流成为阻碍跨境电商发展的主要“瓶颈”。跨境电商物流模式可以分为出口跨境电商物流模式和进口跨境电商物流模式。出口跨境电商物流模式主要分为邮政物流、商业快递、专线物流和海外仓；进口跨境电商物流模式主要分为一般进口物流模式、集运进口模式和保税进口模式。

跨境电子商务的发展带来的是网上跨境支付业务的蓬勃发展，以及跨境支付市场的巨大需求，跨境支付是跨境电商活动的重要环节。目前我国跨境支付支持的方式主要有信用卡支付、PayPal 等第三方支付、线上转账和线下结算四种形式。跨境电商付汇流程包括中国消费者付款、支付单推送、购汇、付款，跨境电商收汇流程包括境外买家付款、汇款、售汇、收款。另外，跨境电商支付也存在风险问题：第三方支付监管存在漏洞、跨境支付信用体系尚不完善、资金沉淀、非法交易和信用卡套现风险，以及地下钱庄等。因此，政府部门也加强了对跨境电商支付的风险防控，规范外汇管理、加强金融监管力度。

外贸综合服务企业能够为跨境电商商家提供外贸进出口“一条龙”服务。外贸综合服务是以中小微企业为服务对象，以电子商务为工具，以进出口业务流程服务外包为内容，以供应链服务平台为依托，采用流程化、标准化服务，为中小微外贸企业提供一站式通关、物流、退税、外汇、保险、融资等政府性服务或商业性服务。从本质上来看，外贸综合服务企业并没有改变传统的贸易流程，只是运用互联网 IT 技术，将外贸和服务分开，使分工更加专业、有效。

课后习题

一、选择题

1. 贸易活动由（　）三部分组成。

A. 商流、信息流、物流　B. 资金流、物流、信息流

C. 资金流、物流、商流　D. 商流、资金流、物流

2. 我国出口跨境电商 70% 的包裹通过（　）完成。

A. 国内快递　B. 专线物流　C. 国际快递　D. 邮政物流

3. 我国跨境电商支付机构影响力最强的是（　）。

A. 银联　B. 第三方支付机构　C. 银行　D. 代购

4. 以下哪个国际快递公司的快递业务速度比较慢？（　）

A. EMS　B. UPS　C. DHL　D. TNT

5.PayPal 平台优势包括（　）。

A. 安全　B. 费用低　C. 高效　D. 操作简单

6. 进行跨境电商交易的双方有大约九成在使用（　）进行跨境结算。

A. 电汇　B. 西联汇款　C. PayPal　D. Visa

二、判断题

1. 跨境电商物流对物流的要求区别于传统物流的差异性之一是物流服务的层次不同。（　）

2. 海外仓物流模式解决了运输成本高、配送周期长的问题，客户体验好，因此跨境电商卖家选择海外仓模式更好。（　）

3. “单一”跨境电子商务物流模式是跨境电子商务企业普遍采用的配送方式。（　）

4. 跨境电子商务物流已经成为跨境电商发展的主要“瓶颈”。（　）

5. 阿里巴巴旗下的一达通是跨境电子商务第三方外贸服务平台。（　）

三、简答题

1. 跨境电商支付目前存在哪些风险？

2. 什么是外贸综合服务？试分析外贸综合服务企业的运行方式。

3. 简要分析邮政物流、国际快递、专线物流的优势和劣势。

4. 简述跨境电商物流的特征。

5. 试列举主要的跨境电商支付类型，并简述跨境电商支付流程。

6. 我国外贸综合服务企业的特质和价值创造机理是什么？

参考文献

[1] 曹倩 . 我国跨境电子商务物流模式研究 [J]. 当代经济，2017（33）: 64-65.

[2] 常广庶 . 跨境电子商务理论与实务 [M]. 北京：机械工业出版社，2017.

[3] 黄永江 . 关于构建我国跨境电子商务及支付外汇业务管理体系的研究 [J]. 金融会计，2013（7）: 22-29.

[4] 罗扬 . 我国跨境电子商务企业出口营销策略研究 [D]. 吉林：吉林大学，2017.

[5] 速卖通大学 . 跨境电子商务 [M]. 北京：电子工业出版社，2016.

[6] 孙韬 . 跨境电商与国际物流——机遇、模式及运作 [M]. 北京：电子工业出版社，2017.

[7] 王健 . 跨境电子商务 [M]. 北京：机械工业出版社，2019.

[8] 肖梦佳 . 我国跨境电商零售出口法律问题研究 [D]. 杭州：杭州师范大学，2018.

[9] 余芳 . 大数据背景下跨境电商物流发展困境与对策 [J]. 大庆：大庆师范学院学报，2018，38（3）: 61-64.

[10] 张大卫 . 中国跨境电商发展报告（2021）——双循环格局下跨境电商发展 [R]. 北京：社会科学文献出版社，2021.

[11] 张莫，汪子旭 . 跨境支付外汇牌照正式落地　政策红利可期 [N/OL]. 经济参考报，2020-03-26.http : //www.jjckb.cn/2020-03/26/c_138918112.htm.

[12] 周志丹，徐方 . 跨境电商概论 [M]. 北京：机械工业出版社，2019.

第三章
跨境电子商务市场运作

本章概要

本章的主题是跨境电子商务市场运作，共分为三节。第一节主要介绍了跨境网络零售的概念、发展要件、进出口模式以及企业开展跨境网络零售的业务流程和需要注意的问题；第二节是 B2B 跨境电子商务，主要介绍了其基本概念、平台特点和运行方式，以及面临的问题和发展前景；第三节主要介绍了跨境电子商务网络营销基本概念、国际营销消费者特征和市场分析，以及跨境电商网络营销的策略与工具。

学习目标

掌握跨境网络零售的概念；理解跨境网络零售的发展要件；掌握跨境网络零售进出口的主要模式；掌握跨境网络零售的业务流程。

掌握 B2B 跨境电商的概念；了解其分类和发展历程；理解 B2B 跨境电商的平台特点和运行方式；掌握我国 B2B 跨境电商面临的问题和发展前景。

了解跨境电商网络营销出现背景；掌握跨境电商网络营销概念和特点；了解国际营销消费者特征和市场分析；掌握常见的跨境电商网络营销策略与工具。

第一节　跨境网络零售

电子商务作为战略性新兴产业，在推动经济高质量发展、促进产业转型升级等方面发挥着日益重要的作用，全球跨境电子商务发展迅猛。我国跨境电子商务总体可分为网络零售和 B2B 两大类。

一、跨境网络零售概要

（一）跨境网络零售的发展

跨境网络零售作为跨境电子商务的一个重要组成部分，其产生和发展有着特定的条件：一是20世纪80年代，EDI技术提升了国际贸易的效率和便利化水平，改变了品类单一、数量庞大、周期较长的传统国际贸易运营方式。二是以互联网、物联网、移动通信、电子商务技术为支撑的跨境电子商务，使小额多频次贸易逐渐得到发展，个人和个体经营户参与到国际贸易中，消费者和售卖者通过网上交易、小包邮递的方式实现物流和资金流的转换。三是金融支付和物流等支撑体系日益完善，大大推动了跨境电子商务的发展。四是近年来电子商务的发展催生了新一代买家。他们数量众多、交易数额不大、交易周期短、交易频率高，分散在各个国家和地区。随着这一群体规模的扩大，跨境零售市场形成，推动了企业行为商业化、规模化并不断创新，逐渐形成新业态和新产业。

海关统计数据显示，2021年我国跨境电商进出口规模约19237亿元，较2020年增长18.6%，占进出口总额的4.9%。我国的跨境网络零售市场增长迅速：2015—2019年，我国跨境电商零售进出口总额从360.2亿元增长到1862.1亿元。2020年，我国跨境电商进出口贸易额为1.69万亿元，同比增长31.1%，其中，跨境电商出口超预期增长1.12万亿元，同比增长40.1%，高于同期传统外贸增速。[①] 我国跨境网络零售交易额激增，主要归功于两点：一是跨境消费需求的突然释放；二是市场监管环境的相对宽松。线上网站、社交媒体及物流技术的发展，在促进跨境电商发展方面起到了关键作用，我国政府又通过打造自由贸易试验区、共建“一带一路”倡议等举措进一步促进了跨境电商的发展。跨境通、亚马逊和天猫等企业充分利用相关政策，在自贸区站稳了脚跟。区域中占据战略性主导地位的快递公司和第三方物流公司也摩拳擦掌，加快脚步，以便从“一带一路”沿线日益增长的贸易活动中获益。

消费者对高性价比海外产品的需求将进一步推动跨境网络零售市场的发展。但是，随着政府一系列调控政策的出台，以及对渠道零售价格的技术性管控，跨境零售产品此前享有的价格优势将被削弱，市场的发展速度也会趋缓。此外，该行业本身也面临诸多挑战，如产品质量堪忧、清关流程效率低下、争议解决机制不完善等。

① http：//www.customs.gov.cn//customs/resource/cms/article/333551/4312152/2022042408355073518.doc.
https：//pic.bankofchina.com/bocappd/rareport/202105/P020210519631793713619.pdf.

（二）跨境网络零售的定义

跨境网络零售也称“小额在线国际贸易”，是指分处不同关境的交易双方，通过互联网达成交易并进行线上支付、完成物流等跨境贸易流程的网络零售活动。其主要特点是：①交易双方分处不同的国家或地区；②在互联网上达成交易；③交易额相对较小；④购买者以境外个体消费者为主。其中，③和④是跨境网络零售和跨境电子商务最关键的区别。从范围上看，跨境电子商务包含跨境网络零售，跨境网络零售是跨境电子商务的一种模式，B2C、C2C都是跨境网络零售。

阿里研究院发布的《2016中国跨境电商发展报告》认为，广义的跨境电子商务是指分属不同关境的交易主体通过电子商务手段达成交易的跨境进出口贸易活动；狭义的跨境电子商务特指跨境网络零售，指分属不同关境的交易主体通过电子商务平台达成交易，进行跨境支付结算、通过跨境物流送达商品，完成交易的一种国际贸易新业态。

二、跨境网络零售发展要件

（一）电子商务的发展

1990年，互联网技术对全社会开放。1997年之后，随着互联网在全球的普及，互联网基础上的商业应用获得了迅猛发展，带来了商业模式的创新，出现了一批新型电子商务企业，如亚马逊、eBay、阿里巴巴等，不仅使交易主体发生了改变，还带来了市场结构的改变，也给传统国际贸易带来了前所未有的变革。国际市场中从事生产、销售的企业纷纷采用电子数据交换、电子邮件、电子公告牌、电子转账、安全认证等多种技术方式，积极加强电子商务在全球业务中的运用，大大提升了贸易的效率，带来了全球交易方式的变革，促进了跨境网络贸易的发展。

（二）跨境服务平台的发展

互联网平台在商业领域的探索始于1995年9月第三方拍卖平台eBay在美国成立，其现已成为世界上最大的网上拍卖公司。eBay从成立之初就定位于全球市场，早在1998年便开始了开拓海外市场的步伐。eBay的全球战略定位是提供一个既本土又全球、既地方又世界（“global is local”）的网上交易平台，基本上是将其在美国的成功模式复制到其他国家或地区，主要服务于地区市场，并没有对国际贸易产生重大影响。

真正对国际贸易领域产生实质性影响的，是第三方跨境服务平台的出现。传统国际贸易中的多层贸易环节得到精简，极大地提高了国际贸易的效率。中小微企业甚至个人都可以参与到国际贸易中来，小额多频次订单越来越多，跨境网络零售迅速发展。根据万国邮政联盟统计，全球跨境包裹数量自 2003 年以来，基本处于增长趋势，占全球总包裹数量的比例也在不断增加。

（三）跨境物流的发展

跨境电子商务的发展对跨境物流提出了更多要求，极大地促进了跨境物流的发展。跨境物流一直是制约整个跨境电商行业发展的关键因素，直接影响着跨境电子商务的效率和效益。近年来，跨境电商物流供应链体系逐步完善。目前，跨境网络零售的物流方式有三种——国际小包和快递、海外仓、聚集后规模化运输。海外仓因为能够在第一时间对买家需求作出快速响应而成为业内较为推崇的物流方式，国家、地方政府、跨境电商平台、物流企业等纷纷开始建设海外仓，海外仓的迅速发展进一步促进了跨境网络零售的发展。

（四）跨境网络支付的发展

在传统国际贸易方式下，支付主要通过银行间的国际结算完成，跨境网络零售则主要选择国际性的信用卡和第三方支付平台（如 PayPal）支付。随着跨境电子商务进入高速发展阶段，跨境网络支付的发展为跨境网络零售插上了腾飞的翅膀。

（五）国家政策的扶持

电子商务早在“十二五”期间就已成为国家战略性新兴产业的重要组成部分，国家先后下发了《商务部关于利用电子商务平台开展对外贸易的若干意见》、《关于实施支持跨境电子商务零售出口有关政策的意见》（即“跨境网络零售 12 条”）、《关于跨境电子商务零售出口税收政策的通知》等政策，从跨境电子商务的各个方面给予支持，极大地促进了跨境网络零售的发展。

三、跨境网络零售模式

跨境网络零售模式根据商品流向，可以划分为跨境网络零售出口模式和跨境网络零售进口模式。

（一）跨境网络零售出口模式

根据交易模式，跨境网络零售出口可以分为 B2C 和 C2C 两种模式。

1. 跨境网络零售出口 B2C 模式

跨境网络零售出口 B2C 一般是指分属不同关境的企业直接面向消费者个人开展在线销售产品和服务，通过电商平台达成交易、进行支付结算，并通过跨境物流送达商品、完成交易的一种国际商业活动。

B2C 模式按经营方式的不同，又分为第三方平台模式和自营模式。B2C 第三方平台主要是由全球影响力较强的大型电子商务平台建立，发挥媒介功能，联系买卖双方。代表性的国际平台如 eBay、亚马逊，国内平台如全球速卖通等。刚进入跨境电子商务领域的卖家最缺乏的就是客户渠道，而第三方平台在国际市场上影响力十分广泛，拥有海量的客户资源，因此能够赋予平台商户的产品一定的品牌知名度，借此让新卖家打开市场。而且，第三方平台上商户与买家数量众多，为保证交易的顺利完成，第三方平台通常建立了完整的信用管理机制，以约束交易双方的行为。B2C 自营模式一般都是由第三方平台模式发展而来，一些较有规模的卖家在品牌知名度、店铺流量和销量稳定在一定数量之后，开始自建互联网平台，开展全新的网络推介，逐步引导流量转向自营平台。

随着大量电商平台的建立，跨境电商的交易变得越来越容易，个体消费者和商户均能通过网上下单和发货的过程直接参与到跨境贸易中，从而缩短了物流链条，简化了物流中间环节。跨境网络零售在国际贸易中的优势凸显，B2C 模式的使用频率和范围也显著增加，后来又出现了境内境外消费者少量商品直接互通有无的 C2C 模式，以及工厂直接到消费者的 M2C 模式。

2. 跨境网络零售出口 C2C 模式

跨境网络零售出口 C2C 是指分属不同关境的个人卖方对个人买方在线销售产品和服务，由个人卖家通过第三方电商平台发布产品和服务信息，个人买方进行筛选，最终通过电商平台达成交易、进行支付结算，并通过跨境物流送达商品、完成交易的一种国际商业活动。

目前，中国个人卖家可以通过 eBay 等 C2C 平台从事跨境电子商务小额出口贸易，国外的买家可以在这些 C2C 平台选购产品，并直接与卖家沟通，最终达成交易意向，完成在线下单。国内的卖家收到订单后会以邮政物流或者国际商业快递的方式将产品寄送给卖家。此外，还有一种网上竞价拍卖的形式，即消费者在 C2C 第三方平台展示自己想要卖出的产品，并直接将拍卖信息上传到网上，买方按需进行竞价购买。

C2C 模式的特点是大众化交易。早期的 eBay 属于 C2C 平台，而一度非常流行的代购也是典型的 C2C 模式。

（二）跨境网络零售进口模式

过去，跨境电商企业很少，市场氛围并没有营造起来。近几年，无论是大型跨境平台还是独立网购商城，都已经达到了一定的数量和规模，营造出了竞争的氛围，并且实现了模式的突破。市面上对跨境网络零售进口模式的划分没有明确的标准，将电商运营模式与物流、通关及营销模式相结合，可形成多种运作模式。根据跨境电商交易模式，可分为海淘（B2C）、海外代购（C2C）、海外自采自营（B2C）、第三方平台招商（C2C/B2C）、“自营＋第三方”混合（Hybrid）等模式；从供应链及跨境物流运作来看，则可分为平台直发／直邮（drop shipping）、直购转运、海外仓备货直邮、保税区备货、O2O等模式；还有导购／返利、特卖会、社交、海外商品闪购等运营模式。其中，B2C 海外自采自营模式是早期跨境电商进口创业的热门选项，也适合传统行业企业转型跨境电商，因其具有采购优势。但后续因发展模式过重，遭遇资金链压力，很多企业又从全量备货转向混合模式。而以亚马逊海外购 Prime 会员直邮免运费为标志，越来越多的境外品牌店或电商平台开启了直发直邮通道。

本书主要对以下几种跨境网络零售进口模式展开介绍。

1. 海淘

广义的海淘包括跨境直邮、代购、水客及跨境电商网购等个人进口形式，但主要是指境外网购 B2C 模式，这里的“B”可以是境外品牌商或网购平台。传统海淘模式是一种典型的进口 B2C 模式。“海淘”的原意是指中国国内消费者在国外 B2C 电商平台购买产品，通过转运或直邮等方式把商品寄回国内的购物方式。总之，中国消费者想要购买国外商品，就要借助转运物流完成收货。转运公司一般在境外设有转运仓库，可以代替消费者在转运仓地址收货，再通过第三方或自营的跨国物流将商品运送至中国口岸。

2. 海外代购

海外代购由代购商、第三方平台或社交网络代替国内消费者购买商品并通过跨国物流送达。大部分做法是代购方提供新品或优惠信息供消费者选择。海淘是直接交易，而代购更像是一种服务或转售。代购在跨境电商中具有很强的灵活性，能及时发现国内外价差、新品及促销等信息。全球代购市场的规模为 800 亿 ~1000 亿元。如图 3-1 所示，海外代购模式主要分为海外代购平台和微信朋友圈代购。

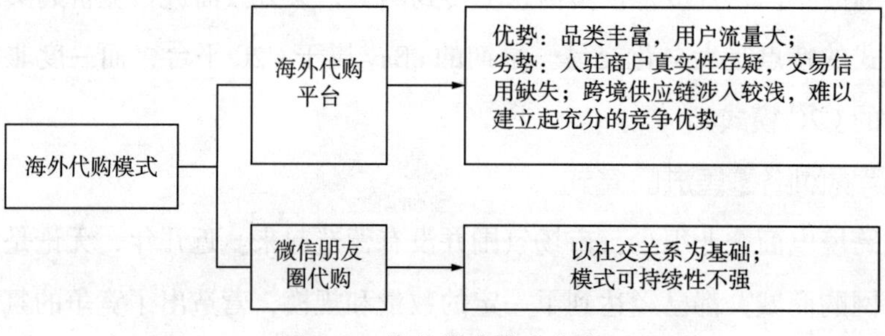

图 3-1　海外代购模式分类

过去个人形式的代购很难形成较大规模，只是简单从线上选购或店面扫货，都是非常态的“跑腿儿”服务，而且专注代购某国本土品牌商品。由于涉嫌私人贸易，个人代购存在法律政策风险，而且需求来源、建立信任都存在问题，往往局限于熟人朋友圈。随着海外代购平台和海淘 App 的不断涌现，代购被搬到更开放的平台上来。代购平台可以解决服务规范、资质审核及交易保障等问题。

3. 海外自采自营

近几年，跨境电商进口高速增长，海外自采自营 B2C 是主要推动力。其与国内电商购销模式的区别主要体现在供应链与物流上，以“自营直采 + 保税备货”为主，“海外仓寄售 + 直邮”为辅。例如，亚马逊的部分进口自营商，在上海自贸区设立仓库以保税备货，将商品内销全国；小红书和菠萝蜜等也是保税、直邮两手抓，在中国香港及日本、韩国等地设有海外仓；京东、苏宁等偏综合类电商，则是“贸易完税进口 + 跨境电商进口”双通路。近几年自营跨境电商竞争越发激烈，前端获客和后端拿货都需要大量资金作为支撑。

4. 平台直发 / 直邮

在这种模式下，通过电商平台购物的消费者会产生大量的订单，平台方将订单信息转送给供货商，供货商根据订单信息以零售的形式为消费者一一发送对应的商品货物。由于供货商是品牌商、批发商或厂商，因此平台直发 / 直邮是一种典型的 B2C 模式。这类平台深度涉入跨境供应链，具备较强的发展潜力。一方面，平台直发 / 直邮模式在寻找供货商时，可以和可靠的海外供应商直接谈判进而签订跨境零售供货协议；另一方面，为了解决跨境物流环节的问题，这类电商会选择自建国际物流系统或者与特定国家的邮政、物流系统达成战略合作关系。但同时，这类平台也存在一定劣势，如招商缓慢、前期流量相对不足、前期所需资金体量较大等。

5. 第三方平台招商

第三方跨境电商平台通过开放平台吸引国际品牌入驻。其优势包括用户信任度较高，商家需有海外零售资质和授权，商品海外直邮并提供本地退换货服务。劣势在于大多为代运营，价位高，品牌端管控力弱，难以规避手续造假的“假洋品牌”入驻。

6. 导购 / 返利

导购 / 返利平台为了丰富商品品类和保证货源充裕，通常会搭配海外 C2C 代购模式。因此，从交易关系来看，这种模式可以理解为“海淘 + 代购”的综合体。

7. 海外商品闪购

海外商品闪购模式是一种第三方 B2C 模式，面临着比国内更为复杂的供应链环境，因此长期以来，跨境闪购的参与者都只是处于小规模试水阶段，如聚美优品打造的“聚美海外购”和唯品会旗下的“全球特卖”。两家公司都宣称对海外供应商有着很强的把控力，保证正品，且全球包邮、一价全包。这类平台的优势是，一旦确立行业地位，将会形成流量集中、货源集中的平台网络优势。劣势包括对货源和物流的把控能力要求较高，对前端用户引流、转化的能力要求较高，任何一个环节的能力有所欠缺都可能导致整个模式的失败。

8. O2O

O2O（Online to Offline）的本质是供应链的管理。跨境网络零售 O2O 模式，是一种线下服务与电子商务相结合的模式。卖家线上揽客，线下提供服务，消费者线上筛选服务，在线支付，线下接受服务。通过这种方式，卖家可以查询到线上推广效果并且追踪到每笔销售。以天猫环球免税店为代表，通过引进各国免税店直接入驻，实现 O2O 跨境购物体验：消费者在出国前或出国时，通过天猫国际提前购买海外机场免税店里的商品，在归国时直接去免税店自提。

四、跨境网络零售业务流程及注意事项

无论是国际贸易还是国内贸易，无论是应用传统贸易手段还是电子商务手段，企业都要首先明确自己的战略定位。跨境网络零售不同于传统的国际贸易，具有金额小、批次多、成交量小的特点。开展跨境网络零售的企业主体不同，在开展贸易时的目的也有所差异。一般来说，大企业通常都有自己的战略部署，拥有知识产权或固定品牌的企业开展跨境网络零售的主要目的是宣传自己的产品、树立品牌、建立网上分销渠道。但参与跨境网络零售的企业以中小微企业居多，往往没有自己的品牌，开展跨境网络零售的目的更多的是盈利。下面对中小微企业开展跨境网络零售业务的步骤进行分析。

（一）定位目标客户群体

目标客户群体直接关系到企业的选品和营销策略，跨境网络零售的客户群体一般是国外中小企业客户和个人客户。企业在确定目标客户群体时，要注意从客户的国别、年龄、性别、收入、家庭等方面进行市场细分，确定适合自己的市场范围。

（二）选择产品

确定了企业的目标客户群体之后，应该针对客户群体选择适合自己的销售产品。在进行产品选择时，首先要保证产品有合适的盈利空间。简单来讲，单产品毛利 = 销售单价 - 采购单价 - 单品运费成本 - 平台费用，但在实际操作中还有许多其他费用，如引

流成本、运营成本等。在确定有合适的盈利空间的前提下，对产品的选择还应从以下几个角度进行考虑。

1. 目标客户的消费特点

目标客户的消费特点包括其所消费产品的质量、价格、款式、品牌等，应综合考虑客户消费偏好，选择适合的产品。另外，在考虑目标客户的消费特点的同时，还要对市场现有产品和竞争对手进行分析，尽量选择具有竞争优势的产品。

2. 根据物流条件选择

由于跨境网络零售的物流一般为小包行邮，商品的实际价格是由商品价格和物流费用构成的，因此，卖方在选择产品时，应尽量选择重量轻、体积小且价值高的产品。例如，体育用品中的哑铃就不太适合，其运费可能比自身价格还要高出很多。

3. 符合法律法规

跨境网络零售的各环节一定要符合法律法规，尤其要注意是否侵权，包括知识产权侵权和销售侵权。在选品过程中，要注意避免有侵权嫌疑的产品，销售此类产品会产生纠纷；销售有些品牌的产品需要获得该品牌公司的授权，如一般代理、独家代理等，没有获得销售代理权可能会构成销售侵权。

（三）确定产品线

一般来说，产品种类越丰富，对客户来说就越便利，但是，广铺产品线不仅会增加客服和编辑人员的压力，提高企业运营成本，而且很难跟踪市场变化，容易出现畅销品缺货、冷门产品滞销的情况。所以，企业要注意选择合适的产品线，既能跟上市场的变化，满足消费者的需求，又不会带来巨大的运营成本。当然，产品线的选择并不是一次就能到位的，而是根据销售情况不断调整、优化形成的。

（四）选择货源

确定了目标客户群体和产品线后，就需要选择合适的货源。货源渠道可以通过电子商务网站、实体批发市场和生产商寻找。目前，小部分小微企业采取现采模式，即本身不保留库存，当客户下单后，迅速到货源供应地进行采购。这些小微企业一般会选择设立在靠近货源供应地的区域。这种模式不能支持规模较大的企业，当产品种类和订单增加时，会大大增加采购成本。

（五）开展网络营销

网络营销是企业获得海外订单的重要环节。企业在这个阶段要注意两个方面的问题：一是营销渠道的选择，二是营销方式的选择。企业在选择营销渠道时，要充分考虑成本及收益，比较自建网站的成本和利用第三方平台的支出以及两种方式的收益，选择适合自己的营销渠道。企业在选择平台时，应综合考虑平台收费、平台规则的公平性、平台流量，以及平台提供的附加服务。选择平台作为营销渠道的企业要注意优化搜索关键词的设定以及产品展示的方式，为自己吸引更多的浏览量和交易额。

网络营销可以通过自建网页、广告、平台服务和外包服务等方式进行，在企业进行营销时，要注意对各种营销方式进行比较，将宣传费用花在最有价值的营销方式上。

（六）选择物流方式

企业在选择物流方式时，可以选择海外仓模式，也可以选择小包行邮模式。海外仓模式主要是指租用仓储公司或大企业的海外仓，小包行邮模式主要是利用快递公司、邮政。企业要从买家的角度出发，为买家所购货物做全方位考虑，包括运费、安全度、运送时效、关税等，在保证物品安全和运送时效的情况下尽量选择运费低廉的方式。另外，也可以将支持的运输方式在网页上标明，由买方根据需要进行选择。

（七）选择融资与支付方式

关于中小微企业的融资问题，许多服务平台都与银行合作，为中小微出口企业提供贷款支持。一般来讲，平台会根据企业的历史交易数据对企业进行信用评价，相当于利用交易数据建立了一个信用体系，银行根据平台的信用体系为优质企业发放贷款。在支付方面，目前，跨境网络零售支持的支付方式有信用卡、第三方支付平台等，卖方在选择支付方式时要注意考虑提供支付服务的公司对买卖双方的保护政策，避免使自己处于不利地位，还要综合考虑支付的手续费，保证自己的盈利空间。

（八）清关和退税

跨境网络零售具有金额小、批次多的特点，办理退税的过程较为烦琐，所以很多中小微企业不进行申报，也不办理退税，这对于企业来讲是一种损失。目前，提供退税服务的典型服务平台有一达通等，企业可通过这些服务平台办理退税。

第二节　B2B 跨境电子商务

目前，在中国跨境电商市场中，B2B 跨境电商市场交易规模占总交易规模的近 90%。未来 B2B 仍将是中国跨境电商出口市场的主要部分。

一、B2B 跨境电子商务概述

B2B 跨境电商兴起于海上运输、通信技术的进步以及 IT 技术和互联网的普及三次重要的变革。特别是，基于网络的信息、数据交换成本大大降低，企业不再一对一开展贸易，而是借用平台迅速获得订单、开展交易、结算资金，形成了便利的一对多、信息集中交换的模式，大大提升了交易效率。

（一）B2B 跨境电商与传统外贸的区别

跨境电商推动了全球价值创造要素的重组，帮助传统外贸企业实现转型升级。如表 3-1 所示，一方面，跨境电商缩短了贸易链条，省去了中间商，将节省下来的成本用于企业的研发投入，可以提升产品质量、完善配套服务；另一方面，可以实现全交易链路的线上化，促进各环节的数字化、智能化，助力建立柔性供应链，实现生产端的产业升级，同时使得贸易秩序更加公平，有利于降低采购商的贸易成本，优化采购体验。

表 3-1　B2B 跨境电商与传统外贸的对比

贸易方式	传统外贸	B2B 跨境电商
特征	贸易链条长，违约风险高；市场信息不对称、不透明；中小微企业处于竞争劣势	缩短供应链，降低贸易成本；实现全链路信息化、数字化；赋能中小微企业
贸易链条	工厂—出口商—进口商—零售商—消费者	工厂—跨境电商—消费者

（二）B2B 跨境电商分类

B2B 跨境电商从不同的角度可以进行不同的分类。

按照进出口类型，B2B 跨境电商可以分为出口型 B2B 跨境电商和进口型 B2B 跨境电商。目前我国 B2B 跨境电商以出口型为主。

按照企业交易依托的不同平台类型，B2B 跨境电商可以分为第三方 B2B 跨境电商平台和自建 B2B 跨境电商平台。第三方 B2B 跨境电商平台指的是审核卖家，让符合平台门槛和规则的卖家入驻平台，并收取一定费用，撮合买卖双方达成交易的平台，如阿里巴巴国际站、中国制造网等；自建 B2B 跨境电商平台指的是一些实力较强的大中型出口企业自建平台，吸引买家使用网站，与之达成交易。

按照从事 B2B 跨境电商的企业种类，B2B 跨境电商一般可分为四种，分别是传统国际贸易商、保税仓储企业、外资企业及国际物流公司。此外，一些跨境电商 B2C 企业利用自身资源优势也开始拓展 B2B 业务，实现“B2C+B2B”双向发展；有实力的企业也开始自建仓，深耕 B2B 业务。

按照进出口的商品类型划分，B2B跨境电商经营的消费品主要集中于3C产品、服装与配饰、户外用品等品类，工业装备品主要为机电产品，中间品以及钢铁、煤炭和塑料等急需去产能的行业的产品。

（三）B2B跨境电商发展历程

我国B2B跨境电商的发展大致经历了三个阶段：萌芽期（1999—2003年）、发展期（2004—2014年）及转型期（2015年至今）。

1. 萌芽期（1999—2003年）

这一阶段的B2B跨境电商以提供信息服务为主，即传统展会的线上化，包括提供信息展示、撮合买卖双方等，不会对交易有所控制或影响。盈利模式以收取会员费为主。在这一阶段出现了最早的一批外贸B2B跨境电商平台，如阿里巴巴、环球资源、中国制造网、中国化工网等。

2. 发展期（2004—2014年）

随着信息技术的进步，以及跨境支付、跨境物流等手段的发展，B2B跨境电商不再仅仅提供信息服务，开始扩展线上交易服务，出现了敦煌网、大龙网等跨境交易平台。买卖双方可以在平台上进行支付、物流管理等，也可以进行简单的客户关系管理。平台的盈利模式也扩展到完成交易后按一定百分比收取佣金。但这一阶段，B2B跨境电商的订单交易规模比较小，交易用户也以小微企业为主，订单虽然实现了线上化，但尚未形成闭环。

3. 转型期（2015年至今）

B2B跨境电商平台的业务开始向交易中、交易后延伸，中大单开始线上化，已有的B2B跨境电商不断转型，开始整合资源，形成综合服务平台。例如，一达通被阿里巴巴收购后，进出口环节的通关、外汇、物流、退税、支付、金融及生产环节的验货、跟单等服务得到整合，为平台的交易客户提供一站式的交易解决方案。同时，品牌制造商、大型服务商、垂直行业电商平台开始进入B2B跨境电商领域，移动B2B跨境电商也在不断发展。

二、B2B跨境电子商务平台特点及运行方式

（一）B2B跨境电商平台特点

B2B跨境电商平台的目标客户是中小微企业，这些企业的网上营销也有赖于B2B平台。我国中小微企业对通过线上B2B平台进行外贸交易和转型有比较强烈的需求，也有比较高的参与度。

根据B2B跨境电商平台的运营模式和特点，可以将目前主要的B2B跨境电商平台分为信息服务类平台、交易服务类平台、第三方服务类平台三类，下面分别介绍不同模式的B2B跨境电商平台的特点及代表性平台。

1. 信息服务类平台

以门户网站为主，覆盖全行业数字化商品、商家信息。平台以广告和信息发布为主，交易、支付、物流等基本在线下完成，在传统贸易模式的基础上，不断整合线上、线下资源，为企业提供全方位服务。目前，信息展示服务仍是B2B跨境电商平台的主要内容。代表企业有环球资源、中国制造网、Indiamart、慧聪网等。

中国制造网于1998年上线，是电子商务行业的领导者、全球最成功的B2B网站之一。2003年底，网站推出“中国供应商”会员服务，开始向会员收费。这种盈利模式使中国制造网摆脱亏损，逐步盈利。但自2011年以来，中国制造网的收费会员数较为稳定，并无明显增长，导致平台的利润连年下滑。为改变这一局面，中国制造网采取了一系列举措：一是设立焦点进出口服务有限公司，为客户提供报关、报检、物流、退税、结汇等一站式服务；二是在美国设立品牌孵化公司InQbrands Inc.，旨在为出口至美国的客户提供行政、仓储、展示、客服等本土化营销活动；三是收购了美国商品直发服务平台Doba.com，旨在帮助出口商拓展海外的分销渠道。

2. 交易服务类平台

交易服务类平台一般以服务快速消费品行业为主，通过提供付费会员服务并收取交易佣金的模式，实现线上交易、线下配送等。代表企业包括大龙网、敦煌网、1688、亚马逊等。

大龙网成立于2010年3月，是一家依托O2O模式实现差异化竞争的B2B跨境电商企业。它主要通过18985.com来对接国内的制造商与贸易商，通过osell.com来对接国外的批发商和零售商。除了线上的对接交易平台，大龙网还通过全球商人在线沟通交易平台“约商”（OSELL）App，让全球买卖随时随地无障碍沟通。线下模式是开通海外线下体验馆，将在海外落地的外贸展会——“网贸会”与海外仓有机结合，网贸会前面是展厅，后面是仓储，提供本土化服务。线上线下相结合的模式，提高了客户体验感与成交率。

3. 第三方服务类平台

第三方服务类平台在通关、在线支付、海空快物流运输领域，通过整合资源或技术优势，提供垂直领域的专业服务，从而打通B2B交易完整链路。代表企业有一达通、易单网等。

易单网成立于2011年，是一家专注于建材行业的B2B跨境电商平台，依托中国建材集团，使命是帮助中国建材集团探索一条信息化之路。易单网同时提供出口代理、营销推广、信用保险、物流、金融等相关外贸综合服务。当客户询盘时，平台会首先考虑集团的供应能力，集团供应能力不足时再向供应商询价。这决定了入驻易单网的供应商以工厂为主，易单网也并非真正开放的第三方平台。易单网的优势，一是背靠大企业，有充足的资金支持其运作；二是中国建材集团能为其传递大量与建材有关的核心资源，如国内数万家供应商资源、全球数十万家客户资源，让其能够快速获得外界信任。建材行业产品款式较为固定的特点决定了其非常适合海外仓的仓储模式，大大降低了供应商海外备货的风险。

（二）B2B跨境电商平台运行方式

B2B跨境电商一般包含网上刊登商品信息、在线询盘及沟通、在线下单、跨境支付预结算、外贸票据流通、货物运输等交易环节。B2B跨境电商是外贸业务的线上化映射，因此外贸业务中需要考虑的“找到生意对象”“将生意谈成”“确保生意按照约定完成”三个环节，在B2B跨境电商的模式中依然需要考虑。从平台的角度出发，如图3–2所示，可以把第一个环节定义为“匹配”，先是对商家的商品、企业信息进行展示，对B类买家的线上搜索或更多操作进行分析，从而实现双向匹配，帮助B类买家找到符合其需求的B类卖家。第二个环节可以称为“沟通”环节，买卖双方互有意向后可以进行联系、沟通和洽谈。第三个环节也可称为“执行”环节，包括订单履约及相关的出口清关等流程。

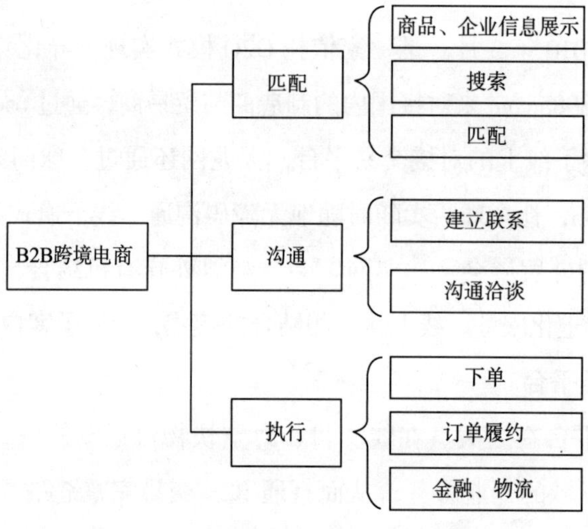

图3–2 B2B跨境电商平台运行方式

三、B2B 跨境电子商务面临的问题及发展前景

（一）B2B 跨境电商面临的问题

1. 所销产品附加值低，品牌化效应不明显

从企业和产品层面看，我国 B2B 跨境电商出口存在很多问题。

一是产品附加值低。B2B 跨境电商运营前期对货源的要求比较高，需要商品的 SKU 较为丰富，同时价格也具备一定的竞争力。由于 B2B 跨境电商行业竞争较为激烈，产品的同质化现象较为严重，存在大量的替代品，导致同一行业中不自觉地产生了严重的价格竞争，大大压缩了某个品类或行业的利润。一些企业为获得利润而大量生产低档，甚至假冒伪劣的产品，商品质量和外观设计差，无法与优质的国外商品抗衡。这些都导致了产品附加值较低。

二是产品品牌化率偏低。在过去，受各种因素的影响，我国制造商大都是赚取薄利的 OEM 代工厂商，无法形成自身品牌。随着数字贸易的发展，B2B 跨境电商为一些出口企业形成自身品牌提供了机会，但由于历史与现实等各种因素，我国企业的品牌化率并不高。中国外贸企业要想“走出去”，必须有自己的品牌，而这需要企业和平台的共同努力。

2. B2B 跨境电商支撑性服务不完善

B2B 跨境电商虽然潜在市场规模巨大，但其支付、物流、外贸综合服务、融资等支撑性条件并不完善。尤其是 B2B 交易涉及很多工业产品，而这些工业产品往往只是一些产业的中间产品，其中附带的服务，即产品在整个生命周期的外延服务非常重要。但是目前的 B2B 跨境电商平台难以满足这种服务需求，因为现有的平台本身没有独立的第三方支付和外贸综合服务平台。基于此，供应商一般倾向于选择线下方式达成交易。目前的 B2B 跨境电商平台还不能全面实现交易闭环，因此很多数据也无法通过完整的交易实现沉淀。

3. 相关政策还有一定完善空间

贸易政策的关键即高效。一方面，我国的全国通关一体化等改革举措还未完全实现，中国国际贸易单一窗口（www.singlewindow.cn）尚在建设中；另一方面，目前实行的“清单核放、汇总申报”的通关模式等通关便利化措施主要针对跨境 B2C 企业，而 B2B 模式既与 B2C 模式不同，也有别于一般贸易方式，在通关、商检、税务、外汇等方面依然存在着很多不便。可见，我国在 B2B 跨境电商外贸综合服务方面的政策有待改善，亟须形成一套专门针对 B2B 跨境电商业务的支持政策。

（二）B2B 跨境电商的发展前景

中国国际经济交流中心的报告显示，2020 年全球 B2B 电子商务交易额达 7 万亿美元，预计 2020—2027 年的复合增速可达 17.5%，约占全球电子商务交易总额的 80%。新冠肺炎疫情暴发以来，国际贸易与供应链遭遇严重冲击，但跨境 B2B 却呈现逆势增长，预计至 2025 年，全球将有近八成的 B2B 交易转向线上。2020 年中国 B2B 跨境电商市场规模约占整体跨境电商市场的 72.8%，B2B 跨境电商出口市场规模超 3 万亿元。预计 2021—2025 年，中国 B2B 跨境电商市场将会以 25% 的复合年均增速增长到 13.9 万亿元的市场规模。①

1. 跨境电商将逐步从消费型渗透至产业端

虽然目前我国跨境电商出口以面向终端消费者的小额订单为主，但是随着数字贸易的深入发展、网络技术的进步以及各项政策的改革创新，可以预见在不远的将来，大宗贸易也将进入数字贸易阶段，B2B 跨境电商出口或将迎来爆发式增长。以敦煌网十几年沉淀的数据为例，跨境电商的主体和交易金额都在不断升级：全球买家正在从“大 C”“小 B”等次终端用户，逐渐升级为“中 B”型用户；交易金额也从相对小额向数万美元迈进，甚至超过 20 万美元；店铺的复购率也较高，一半以上的店铺每月复购率达到 4 次及以上。这些都潜移默化地推动了我国企业与工厂等的转型与变革，使跨境电子商务逐步从消费型渗透至产业端，促进传统外贸业发生变革。

2. B2B 跨境电商品牌升级效应明显

随着我国劳动力红利的逐渐减弱以及资源成本的不断上升，“中国制造”需要不断向高端化转型升级。B2B 跨境电商顺应了时代发展的趋势，助力中国品牌提升内在技术、质量与产品服务，更好地走向世界。从相关跨境交易品牌数据来看，我国 B2B 跨境电商出口品牌商品数量自 2014 年以来明显增加。相关第三方平台也为中国商家向优质化转型和提升品牌效应作出了努力。例如，环球市场推出的 GMC 标准，提高了平台制造商的准入门槛；敦煌网专门为品牌产品设置“Brand Zone”，在一定程度上助力了中国品牌走向世界。

3. B2B 跨境电商平台将向数据化、移动化方向转型

目前，大多数 B2B 跨境电商平台还不能被称为一个真正的在线交易平台，仍处于从撮合平台向交易平台转型的过程之中。由于 B2B 跨境电商涉及较多繁杂的业务流

①《数字平台助力中小企业参与全球供应链竞争》报告在京发布 [EB/OL]. 中宏网，[2022-03-29].http：//hgjjgl.com/show-190-236180-1.html.

程，同时贸易数额较大，平台难以承担违约风险。而一旦转型成功，大部分交易数据就能在平台上沉淀下来，B2B 跨境电商平台将进入数据技术（data technology）驱动时代，形成交易闭环。出口商可以依托数据获得信用和金融支持，并更好地被买家评价、增加用户黏性，评价数据也能更好地改进产品或提供个性化定制服务；服务商可以利用数据提供相对应的服务，如保费、银行利率与贷款金额等；平台也可以利用数据资源获利。

此外，交易移动化也将成为一种趋势。例如，在全球电商移动用户中，有 15% 的消费者会每天搜寻产品信息，较 PC 端消费者高了 10%，移动端订单量已经大比例赶超 PC 端，以泰国为例，移动端交易量占交易总量的 92%。① 大龙网推出移动 App“约商”，可实现全球买卖方无障碍即时沟通。

4.“一带一路”沿线国家将成为我国 B2B 跨境电商发展的重点区域

“一带一路”沿线国家拥有全世界 43.4% 的人口，但由于经济发展水平不高，其贸易总额只占全球的 21.7%，对全球 GDP 的贡献仅为 16%。随着“一带一路”建设的深入推进，沿线国家的经贸合作将不断深化。据麦肯锡全球研究院（Mickiney Global Institute，MGI）预测，到 2050 年，“一带一路”沿线国家将贡献世界 GDP 增量的 80%，潜力巨大。随着“一带一路”建设以及我国数字贸易的深入发展，“一带一路”沿线国家 B2B 跨境电商将为中国外贸增长提供新动能。

第三节　跨境电子商务网络营销

近年来，中国跨境电子商务发展迅速，中国成为全球第二大跨境电子商务出口国。与此同时，越来越多的企业意识到网络营销的重要性。利用互联网建立品牌知名度和美誉度，对于任何一家公司来说都是公平的，只有不断地进行产品创新和营销方式创新的企业，才能在国际市场上占有一席之地。

① 有赞 AllValue. 移动化浪潮已至，有赞 AllValue 带来“极致移动”[EB/OL]. 百家号，[2021-12-21].https：//baijiahao.baidu.com/s?id=1719720078641292300&wfr=spider&for=pc.

一、跨境电商网络营销概述

（一）跨境电商网络营销的出现背景

1. 从企业视角到消费者视角

随着全球化的发展，市场上的竞争主体不断增多，消费者的主动性变强，消费需求日趋多样化，交易各方在市场中的地位发生变化，市场竞争更加激烈。企业为了生存和发展，将一直以来浅层次的营销手段和目标，变成对整个供应链环节的数字化改造，使产品及其信息能够被低成本、高效率地传递给消费者。同时，企业的经营决策的观念也在发生变化，最明显的一点是，企业的营销目标不再只考虑竞争对手的市场份额，而更看重顾客份额（消费者购买的企业商品和服务占消费者总支出的比重）。两种观点背后的逻辑不同，后者基于消费者视角，可以避免企业的短期行为。

2. 数据处理技术推动网络营销更加深入

随着互联网技术的发展，企业的数据处理能力在不断进步。从数据库到数据仓库的演进，实现了从对数据的简单存储到提取客户信息并进行相关分析的转变，可以帮助企业更好地了解消费者，进而改善产品服务，迎合市场需求。数据挖掘技术的出现将网络营销推向深入，企业利用数据挖掘技术，可以在对已有的客户信息进行分析挖掘之后，获取消费者的潜在消费需求，实现了所谓的“需求创造”。

3. 网络营销理论不断完善

网络营销理论也在与时俱进，经历了网络直复营销理论、网络关系营销理论、网络软营销理论和网络整合营销理论，推动了营销实践的发展。

（二）跨境电商网络营销的概念及特点

跨境电商网络营销的内涵很丰富，既是对传统营销的发展，又区别于境内的网络营销。要理解跨境电商网络营销的内涵，首先要熟悉营销和网络营销等相关概念。

营销即市场营销，是在创造、沟通、传播和交换产品过程中为顾客、合作伙伴以及整个社会带来经济价值的活动、过程和体系。基于不同的出发点，众人对营销概念的解读也有差异，有人将其简单地解读为销售，也有人认为其具有管理的性质。其实，营销本质上是搭建商品买卖关系，进而追求双赢或者多赢的过程。营销的本质决定了跨境网络营销的本质，即建立和维系交易各方关系的过程。

网络营销是在互联网和计算机技术不断发展的大背景下，对传统市场营销的继承和发展。网络对市场营销发展的贡献在于，实现了营销过程的电子化和数字化。这一变革打破了时间和空间对营销过程的限制，还带来了信息交互方式的革命性变化——即时交互，这是传统营销媒介所不具备的。网络这种跨越时空、即时交互的特点，解决了跨境市场营销中地理距离带来的难题。

简言之，跨境电商网络营销是市场营销和网络营销的一个子概念，是跨境电商企业利用各种互联网媒介在境外进行的营销活动。这种营销活动一方面需要满足跨境电商企业的经营目标，另一方面要满足境外消费者的某种或多种需求。营销目标的实现效果会受不同国家和地区的政治、经济发展水平、文化、社会习俗、法律、政策等方面的影响。

与传统的市场营销相比，跨境电商网络营销与网络营销的特点相同，主要包括以下几点。

1. 跨时空性

网络开放的、互联互通的特点打破了时空藩篱，决定了网络营销市场的全球性。网络营销可以帮助企业在世界范围内自由地寻找目标客户。由于市场的广阔性，客户群体的规模和差异性都会被放大，成交的可能性亦会随之增大。例如，一家提供脱水蔬菜的公司，开通网上商店之后，一夜之间收到了来自不同国家的多个订单，摇身一变成了“国际化”公司。

2. 交互性、个性化

通过互联网平台，顾客和企业之间可以利用多种方式，如 E-mail、网上聊天工具、评价留言、互联网电话等，随时随地进行双向的、一对一的信息交流。企业在为用户提供丰富的产品信息的同时，也可以搜集市场信息、改善产品服务；用户可以主动在网络上搜索自己喜欢的商品，之后通过即时通信工具将商品信息传达给企业，让企业帮助自己进行决策或者按照自己的要求提供定制化服务。

3. 高科技

网络营销的基础是计算机和互联网技术，所以企业要想开展相关活动，必须掌握一定的信息技术，拥有一定的人才支持。与传统的营销相比，网络营销的技术层次不同。随着 VR、AR 以及三维展示技术等的普及，网络营销可以借助文字、声音、图像、视频等多种形式展示商品和服务，可以充分发挥网络营销人员的主动性和创造性。

4. 经济性

作为一种直接营销方式，网络营销跨过中间商这一环节，直接面对消费者，大大节约了营销成本；随着网络服务提供商的出现，企业开展网络营销的便利性更强，可以省去网站搭建和维护成本；随着第三方平台的出现，跨境电商企业甚至可以实现无网站营销，网络营销的门槛不断降低。

5. 成长性

一是网络营销市场的成长性。目前的网络使用者大部分是年轻的、中产阶级、受教育水平较高的人群。这部分人购买力强，市场影响力大，是极具潜力的社会群体。随着互联网基础设施的完善和民众受教育水平的提高，网络消费者的规模和覆盖面会不断扩大。

二是互联网营销本身的成长性。互联网技术和手段处于不断更新和进步中，互联网营销因此也在不断开发、应用新的营销手段，从传统的搜索引擎营销、电子邮件营销、社区营销发展到视频营销、游戏植入式营销、RSS 营销、3D 虚拟社区营销等新型网络营销方式。可以预见，随着互联网技术的发展，还会产生更丰富的互联网营销方式。

6. 数据化

通过网站和客户数据库，企业可以获得大量客户基本信息和消费行为特征；借助数据挖掘和分析技术，企业可以识别客户、细分客户，并根据客户的偏好制定有针对性的网络营销策略。

二、跨境电商网络营销的消费者特征与市场分析

（一）跨境电商网络营销的消费者特征

1. 跨境电商消费者的数量和结构

调查显示，我国网络消费者以中青年为主，19~35 岁的网络消费者占 70% 以上。但随着互联网的渗透率不断提高，网络消费者的年龄跨度也在向两端延伸，越来越多的中老年消费者开始加入网络购物的行列。高文化层次群体是我国网络消费者的主要组成部分，白领、大中专在校学生、专业技术人员和教师合计占网络消费者的五成以上。中高收入群体是网络购物比较活跃的群体。

与国内的网购群体相比，跨境电商平台的消费者普遍具有高学历、高收入、追求高品质生活的特点，大多分布在 30~40 岁。这些特点使得跨境电商平台消费者的整体购买力高于其他网络购物平台。

2. 跨境电商消费者的类型

目前，网上销售商面临的挑战是如何吸引更多的网民，并努力将网站访问者变为消费者。

（1）简单型

简单型顾客需要的是方便、直接的网上购物。他们通常每个月上网时间很少，但在网上进行的交易占到了所有交易的一半。

（2）冲浪型

冲浪型顾客占常用网民的8%，但在网上花费的时间却占了32%，通常访问的网页数量是其他网民的4倍。冲浪型网民对更新速度快、具有新意的网站更感兴趣。

（3）接入型

接入型顾客是网络新手，占比为36%，通常很少购物，但喜欢网上聊天或免费问候。传统知名品牌公司应当重视这类人群，因为他们倾向于信任现实生活中熟悉常见的品牌。

（4）议价型

议价型顾客占网民的8%，趋向于购买便宜的商品，喜欢讨价还价，在交易中有强烈的胜负欲。

（5）定期型和运动型

定期型网民常常访问新闻和商务网站，而运动型网民喜欢访问运动和娱乐网站。

3. 跨境电商消费者的特征

企业的营销决策和方式应该始终紧跟消费者的观念变化。如今的消费者更加个性化，主动性更强，同时也更追求便利性和趣味性。

（1）个性化

随着社会经济总量的整体提升，人们的收入水平不断提高，加之社会消费品的品类愈加繁多，促使消费者拥有了更大的选择余地，产品的个性化消费渐渐成为可能，甚至走向主流。现在的消费超越了原先只是满足物质需要的目的，更多的是追求心理上的满足。个性化消费方式深植于这种新的消费观念，未来会占据更大的市场。网络消费者购买商品时有独立的需求和见解，喜欢与众不同，以满足其个性化的需求。个性化消费的增多、网上商品的丰富以及全球范围内的商品联通，使得消费者的消费渴望和消费需求不断提高，产生了更强的购买动机。

（2）理性化

一方面，跨境电商消费者通常更能鉴别良莠不齐的外界信息，不易被各种舆论信息干扰，对商业产品的广告和宣传具有较强的分析和判断能力，对自己的实际需求也有更加清醒的认识，能理性地作出购买决策。另一方面，网络营销系统具备强大的海量信息处理能力，网上关于某种商品的信息资料十分齐全，消费者可以借此进行对比、反复斟酌，以决定是否购买，拥有更大的选择空间；采购人员可利用预先设定好的程序算法，整合计算进货价格、运输费用、优惠、折扣、时间效率等指标，最终作出更为有利的进货渠道和途径选择。京东大数据显示，消费者在网上超市消费中更关注产品品质，理性选购占比最高。

（3）便利性

消费者选择网上消费主要是由于电子商务的便利性可以节省大量的时间、精力等成本，尤其是对于需求和品牌选择都相对稳定的日常消费品。目前，人们对现实消费过程的需求出现了两种趋势：一部分消费者长期处于高压、紧张的工作状态，以方便为主，追求尽可能地节省时间和劳动成本；而另一部分消费者自由支配的时间更充裕，希望从消费中获得乐趣。在网上购物，除了能够满足实际的购物需求，还能得到许多信息，体验到实体商店购物没有的乐趣。

（4）主动性

网络营销中消费者消费主动性的增强，来源于现代社会不确定性的增加以及人类追求心理稳定和平衡的欲望。一般情况下，消费者都是带着目的进行网购的。在社会分工日益细化和专业化的趋势下，消费者在消费行为中的风险感随着选择数量的增多而上升。在进行大额或高档的消费时，消费者往往会主动通过各种可能的渠道获取与商品有关的信息并进行分析和比较。消费行为主动性的加强导致了网络营销的变化，企业不能再进行“填鸭式”的宣传，而是需要“和风细雨式”的营销，努力迎合消费者的需求，给消费者留下足够的选择空间。

（5）互动性

随着移动互联网社交平台和社交技术的发展，网上消费的互动性大大增强。供应商对消费者有了更充分的了解，消费者的个性化需求得到了更好的满足，同时，品牌宣传和商品传播途径更加多样化。近年来兴起的消费点评网就是以互动信息为主体。消费者将自己正面或负面的消费感受在网上分享，与感兴趣者互动留言，在此基础上逐渐形成了一些消费偏好群组，如品牌粉丝群，可以随意地与其他同好交流消费心得。

4. 各国网络消费者的典型消费特征

北美市场是我国跨境贸易的主要市场。美国作为发达国家，拥有先进的技术、高质量的消费群体、完善的电子商务市场，因此网上消费者数量庞大、消费水平较高、购物质量也相对较高。由于美国存在大量来自各国的移民，因此人们接受新事物的能力强、包容度高，只要觉得这个商品品质较高，并且对自己有用，就很愿意尝试和购买。这在很大程度上激励了卖家积极开拓和研发新商品。

欧洲市场以英国、法国、德国等为主要市场。英国人注重礼仪，在选购产品时主要看中细节，追求产品的高质量和实用性。卖家可以有针对性地做一些改造和创新。法国消费群体的目的性很强，想买什么就会直接搜索相关的关键词，网购群体基本集中在20~45岁。很多法国消费者购买的都是与旅游、文化和服务相关的产品，这得益于法国发达的旅游产业。德国人以严谨和专业闻名，德国自身设计生产的产品质量就很高，所以卖家想进入德国市场，商品质量必须过关，甚至更为精细。德国人的严谨也延续到了他们的消费观念中，购买高档奢侈品的人相对较少，但是他们十分注重风俗和节日。卖家可以在了解德国的风俗习惯之后，有针对性地推出产品。

在日本市场上，日本电商巨头乐天和入驻日本的亚马逊基本垄断了日本的电商市场。日本的互联网普及率较高，人们的消费意愿强烈，卖家可以针对日本消费者进行有针对性的产品创新，做到简约高质，同时选择正确的平台，从而在日本市场上占有一席之地。

（二）跨境电商网络营销的市场分析

随着经济全球化的不断深入和跨境电子商务的快速发展，全球市场竞争日益普遍和激烈，因而国际市场分析已经成为网络营销理论与实践中的重要内容。国际市场分析是指运用科学的调研方法与手段，系统地收集、记录、整理、分析国外市场的各种基本状况及其影响因素，以帮助企业制定高效的营销决策，实现企业国际化的经营目标。

1. 国际市场分析的必要性

（1）国际营销决策比国内营销决策更需要充分、及时、准确的信息

因为各国的文化、法律、政治、经济等方面存在着巨大的差异，国际营销决策者远不像国内营销决策者那样熟悉营销环境，稍有不慎就有可能导致决策失误。相对来说，信息对国际营销更为重要。

（2）国际营销决策所需要的信息不同于国内营销决策所需要的信息

这是因为国际营销决策不同于国内营销决策。例如，国际营销的重要决策之一，是选择进入国外市场的方式。为了作出这一决策，企业需要了解目标市场国的外汇和外资政策，目标市场国的劳动力、原材料、管理经验等资源条件，目标市场国的竞争状况以及渠道模式，等等。这些信息在国内营销决策中一般是不需要的。

（3）深入了解市场才能更好地把握不同国家消费者的心理需求

国内电商的整个市场文化基本上没有本质差异，消费者的消费习惯也容易研究，只

要增加曝光量、有流量，就会有订单。而国外很多消费习惯与国内有很大的差异，可能在国内热卖的商品他们不感兴趣，冷门商品却成了爆款。因此，产品到底适合哪个国家、适合什么样的消费者，需要通过市场调研来深入了解。

2. 国际市场分析的内容

（1）国际市场环境分析

企业对国际市场环境的分析主要有以下四项。

一是国外经济环境。经济环境是企业确定国际市场发展方向和目标的重要依据，具体包括一国的经济结构、发展水平、发展前景、就业、收入分配等，还包括与之相关的价格、税收、外贸等方面的情况及政策。二是国外政治和法律环境，包括重要的经济政策、贸易鼓励和限制措施，尤其是外贸相关法律法规，如关税、配额、税收外汇限制等。三是国外文化环境，包括东道国使用的语言、教育水平、宗教、风俗习惯、价值观念等。四是国外技术环境，主要是了解对本企业有用的、他人已经取得的科技成果、获得的发明专利方面的详细信息资料。科技信息对企业实现长期目标具有重大战略意义。

（2）国际市场商品分析

商品分析主要从供给、需求、价格和其他信息几个方面进行。

一是国外市场商品的供给，包括商品供应渠道、来源，国外生产厂家、生产能力、数量及库存情况，等等。二是国外市场商品的需求，包括国外市场对商品的品种、数量、质量的要求等。三是国外市场商品的价格，包括国际市场商品的价格、价格与供求变动的关系等。四是国外市场其他相关信息，包括相关国家人口结构与数量、交通运输条件，主要进出口国的需求总量、某商品进出口占其国内消费或生产的比重等。

（3）国际市场营销情况分析

国际市场营销情况是指国际市场营销组合情况，除上述已经提到的商品及价格外，一般还包括以下几个方面。

一是商品销售渠道，包括销售网络的设立，批发零售商的经营能力、经营利润、消费者印象、售后服务，等等。二是广告宣传，包括消费者购买动机、广告内容、广告时间、方式、效果等。三是竞争分析，包括市场竞争结构和垄断程度，当地供货商利用政治影响提高关税和非关税壁垒的可能性，竞争者的产品质量、价格、政策、广告、分销渠道、占有率，等等。

（4）国外客户情况分析

每个商品都有自己的销售（进货）渠道，由不同客户组成。企业进出口商品必须选择合适的销售（进货）渠道与客户，做好国外客户的调查研究。一般来说，商务企业对国外客户的调查研究主要包括以下内容。

一是客户政治情况，主要了解客户的政治背景、与政界的关系、企业负责人加入的党派及对我国的政治态度。二是客户资信情况，包括客户拥有的资本和信誉两个方面。资本是指企业的注册资本、实有资本、公积金、其他财产以及资产负债等情况；信誉是指企业的经营作风。三是客户经营业务范围，主要是指客户经营的商品及其品种。四是客户公司、企业业务，是指客户是中间商还是最终用户，是专营商还是兼营商等。五是客户经营能力，主要包括客户业务活动能力、资金融通能力、贸易关系、经营方式和销售渠道等。

3. 国际市场分析的主要方法

企业获取的国际市场分析资料，按取得途径不同，一般分为两类：一类是通过亲自观察、询问、登记取得的，称为原始资料；另一类是他人搜集的，调查者根据自己研究的需要，取来为己所用的，称为二手资料。资料获取的方法主要有案头分析法和实地调研法。

（1）案头分析法

案头分析法就是二手资料调研或文献调研，是以在室内查阅的方式搜集与研究项目有关的资料的过程。二手资料的信息来源渠道很多，如企业内部资料、本国或外国政府及研究机构资料、国际组织出版的国际市场资料、国际商会和行业协会提供的资料等。在国内进行的案头分析工作主要有三项：

一是进入市场的可行性分析。即首先列出所有的潜在市场，然后分析研究进入该目的国必要的信息情报资料。

二是获利的可能性分析。即了解国际市场价格、市场需求量等，以便和有关竞争者的产品成本作出比较。

三是市场规模分析。即对市场规模和潜力进行评估。

（2）实地调研法

国际市场调研人员采用实地调研的方式，直接在国际市场上搜集到的情报信息就是一手资料或原始资料。在国外市场分析中，对于出口初创阶段的市场、发展潜力大的市场以及售后服务要求高的市场，企业可以派出人员或小组到国外进行实地调查，从而获得真实可靠的一手资料。一般可以采用询问法、观察法和实验法。

三、跨境电商网络营销的策略与工具

网络营销是企业整体营销战略的重要组成部分，不管是传统企业还是互联网企业，也不管是否具有电子化交易特征，都需要网络营销。跨境电子商务也需要网络营销，网络营销注重以互联网为主要手段的营销活动，核心是交易前阶段的宣传和推广。

（一）跨境电商网络营销策略

1. 产品策略

做好跨境电子商务的第一步就是进行跨境电子商务的正确选品，如果选品错误，那么很可能在创业之初就走了弯路，甚至越走越远，尽管投入了大量的人力和资源，最终也还是失败。

首先，最重要的是以市场为导向来选择产品。一方面，跨境选品应该找好自己的定位。产品要有很强的市场需求，并且最好能满足某一特定外贸市场，但是应该避免红海策略，要有自己的产品特性。在电子商务市场中，顾客拥有更广泛的选择权，如果一个卖家提供的产品或服务不能满足其需要，就会转向其他卖家，因此问题的关键在于了解并尽量满足顾客的需求。由于不同顾客群体的需求具有差异性，就要求企业对市场进行细分，通过对细分市场的分析，提供不同种类的产品，同时尽可能打造爆款产品。另一方面，要综合考虑物流、海关等因素来决定产品种类。“小、便、轻”的产品运输方便且不易损坏；一些易耗品容易引起重复购买，从而便于培养消费者的消费习惯，有利于传播和留住客户；有些产品不能过海关，还有些国家不接受某些产品进口（如澳大利亚不接受化妆品、珠宝等物品的清关）；等等。

2. 价格策略

由于互联网面向全球市场，因此企业在制定产品或服务的价格时，不能忽视国际因素，要综合考虑国际市场的需求和同质产品的价格，确定本企业的价格策略。在网络市场环境中，传统的以生产成本为基础的定价正在被淘汰，用户需求已成为企业进行产品开发、生产和营销的基础，也是企业确定产品价格时必须考虑的最主要因素。当用户的特定需求得到满足时，其对价格的敏感度就会在一定程度上降低。网络营销的出现使顾客逐渐认识到，相比较低的价位，完善的服务更加重要；定制化地按需生产减少了企业库存，由此带来的成本降低的利益也可以与客户共享，从而获得价格优势；网络营销的互动性也促使顾客与企业协商产品价格，进而实现灵活的弹性价格。

3. 渠道策略

销售渠道是指商品从生产者传送到用户手中的全过程，以及相应的市场销售机构。只有合理运用销售渠道，企业才能够迅速、及时地将商品转移到消费者手中，达到扩大商品销售、加速资金周转、降低流动费用的目的。

随着跨境电子商务平台的日益增多，各平台进行了差异化定位，拥有不同的目标客户群体。目前国内的跨境电子商务平台主要有敦煌网、兰亭集势、天猫国际等。其中，敦煌网是为中小企业提供的针对海外市场的B2B平台，主要以电子邮件营销（E-mail Direct Marketing，EDM）方式拓展海外市场，其自建的DHgate平台可以为买卖双方提供高质量的产品信息，业务遍及全球较多市场且占有较大的份额。兰亭集势主要针对美国B2C市场，以婚纱定制为主要业务。天猫国际以代购、海淘等方式开始B2C营销。因此，跨境电子商务企业在进行产品选择时，应该了解不同网站平台的特征，精准定位其目标客户群体，从而在该平台上根据不同的产品种类和数量等制定相应的策略。

4. 促销策略

网络促销是指利用计算机网络技术向虚拟市场传递有关商品和劳务信息，以引发消费者需求、唤起购买欲望和促成购买行为的各种活动。如何通过网络平台，借助商品广告展示和促销策略让自己的产品获得网民认可，并获得更多的订单，对跨境电子商务的商家来讲非常重要。网络促销活动可以使企业宣传自己产品的特点，让用户认识到该产品可能给他们带来的特殊效用和利益，进而产生购买行为。同时，运作良好的网络促销活动，不仅可以诱导需求，还可以创造需求，发掘潜在顾客，扩大销售量。此外，网络促销活动还有助于企业树立良好的产品形象和企业形象，促使更多用户形成对本企业产品的偏爱，形成客户黏性，达到稳定销售的目的。

（二）跨境电商网络营销工具

B2B平台在一定的历史时期内帮助中小企业打开了市场，在市场的梳理成型阶段，专业跨境网络营销成为外贸企业发展的“催化剂”。社交媒体平台成为中国跨境电商销售企业的必争之地。近年来，除了直接在社交媒体上投放广告，中国商家还采取与国外社交媒体红人合作等新形式进行跨境网络营销，国外的“网红”作为品牌和商品的媒介，可以利用自身的广泛影响力，将粉丝转化为潜在消费者。跨境电子商务中常用的网络营销方法主要有以下几种。

1. 邮件营销

邮件在海外的覆盖面比较广，使用频率大大高于我国国内，人们更倾向于使用电子邮件沟通。跨境电子商务企业更加注重营销实效，邮件营销被视为最重要的营销渠道之一。例如，亚马逊拥有完善的全球电子邮件营销体系，在国内外都非常注重邮件营销，内容涉及日常促销推广、售后服务、顾客消费体验改善等销售过程。基于客户、数据、渠道之间的大数据营销应用也使其走在了精准个性化营销的前沿。

电子邮件营销指的是在用户事先许可的情况下，利用电子邮件的方式向目标用户传递有价值的信息的一种网络营销手段。EDM 是网络营销手法中最古老的一种，但也在随着技术的进步而不断发展。根据定义，规范的 EDM 是基于用户许可的，真正意义上的 EDM 也就是许可营销（permission marketing）。这一概念由营销专家 Seth Godin 在《许可营销》一书中最早进行系统研究，一经提出就受到了普遍关注和广泛应用。许可营销的优势在于可以减少对用户的骚扰，增加潜在客户定位的准确性，增强与客户的联系，提高品牌忠诚度，等等。

实际上，EDM 存在着大量不规范现象，并不是所有的电子邮件都符合法规和基本商业道德。“垃圾邮件”（spam）一直以来没有一个非常严格的定义，一般来说，凡是没有经过收件人允许、强行发送到用户邮箱中的电子邮件都可以视为垃圾邮件。垃圾邮件的主要危害在于占用用户宝贵的网络资源，浪费收件人的时间和精力，一些垃圾邮件甚至带有病毒等有害信息，危害用户网络安全。

2. 搜索引擎营销

搜索引擎营销（Search Engine Marketing，SEM）从 1994 年产生到现在已有 20 多年的历史，其技术已经比较成熟，模式也由最初的免费模式发展到今天的收费模式，成为推动企业市场发展的强大引擎。

SEM 作为一种网络营销模式，经常被用来进行网站推广、打开知名度，利用搜索引擎返回的排名结果可以实现更好的销售或者推广效果。简单来说，SEM 是基于搜索引擎的网络营销，由于网民对搜索引擎存在依赖性和习惯性，在用户检索时能够将营销广告等信息传递给目标客户。

SEM 的实现过程是：企业将信息发布在网站上变成以网页形式存在的信息源；搜索引擎将网页或网站信息收录到索引数据库；用户利用关键词进行查询和检索；检索结果是相关的索引信息罗列以及 URL；用户看到感兴趣的信息，点击 URL 进入信息源网页。至此就完成了企业从发布信息到用户获取信息的全过程。由于大多数网民的检索习惯是仅关注搜索结果的前几页，如果企业信息出现的位置比较靠后，被用户发现的机会就很小，因此要尽量让网站信息出现在搜索结果中比较靠前的位置。

3. 社交媒体营销

社交媒体（social media），也被称为社会化媒体，是指允许人们撰写、分享、评价、讨论、相互沟通的工具平台。在社交媒体上，任何人都可以积极参与话题、分享、转发、发表行业见解、解决行业难题，拥有越来越多的行业人士粉丝。社交媒体是一个网络化的综合站点，其内容都是由用户自愿分享提供，平台与用户之间并不属于直接的雇佣关系。社交媒体的崛起是近年来互联网的一个发展趋势，不管是国外的脸书（Facebook）和推特（Twitter），还是国内的微博和微信，都极大地改变了人们的生活，将人们带入了社交网络时代。这就需要跨境电商企业具备社交思维模式，踏入互动式的关系导向型营销时代。

社交媒体营销是指利用社交媒体营销推广企业的产品或者品牌。社交媒体营销具有成本低、能够锁定目标客户、交互性强、信息反馈完整等优势，受到很多跨境电子商务企业的欢迎。社交媒体营销使得跨境电商信息的受众都参与其中，既是产品和服务信息的接收者，也是传播者，并且这种传播由于有现实的关系做背书，可信度有所增加。

目前跨境电商企业使用较多的社交媒体主要有脸书、推特、领英（LinkedIn）、照片墙（Instagram）等。以脸书为例，其作为全球最大的社交网站，每月的活跃用户数高达 13 亿。随着用户数量的不断增加，脸书已经不仅仅局限于提供社交服务，越来越多的企业开始通过脸书来吸引客户。目前大约有 3000 万家小公司使用脸书，150 万家企业在脸书上发布付费广告。不少外贸企业也利用脸书进行跨境营销，如兰亭集势等都开通了脸书主页。同时，针对不同的市场，可以选择不同的社交媒体。如在面对俄罗斯和东欧市场时，就应该选择最大的俄语社交网站——VK。

知识链接

脸书营销实操

1. 营销准备

首先，在使用脸书作为跨境电商企业营销途径之前，应该充分考虑产品和平台的关系：产品是否适合在脸书推广？脸书的用户群是否与产品经营目标群体吻合？企业是否具备经营脸书渠道的专业人才？是否能接受其经营成本？

其次，企业应该对自身有更加充分的认识，做好长期的经营计划。因为社交营销渠道的建设，本质上是一个区分用户群、聚集用户群并且通过运营建设客户关系、提高顾客忠诚度的过程，由于客户关系的培育周期较长，前期经营收益可能很小，如果没有做好长期规划，只因短期投入产出比不理想而退出，只能带来资源的浪费。

最后，如果在考虑之后仍然决定开展脸书渠道营销，企业则需要做好人才和计算机网络等多方面的准备。

2. 运营步骤

（1）创建企业页面

创建一个企业页面是脸书营销的第一步，也是至关重要的一步。脸书一直以良好的用户交互设计著称，使用起来不需要很强的技术背景。脸书的页面分为本地商业（local business）、公司（company）、产品（product）、艺术家（artist）、品牌（brand）、公众人物（public figure）、娱乐（entertainment）等几大类，跨境电商企业一般选择“产品”或者“品牌”。选择页面类型之后，需要为页面命名，可以是企业或产品名称。根据搜索引擎优化（Search Engine Optimization，SEO）的关键词选取规则，建议用产品名称命名，这样消费者在搜索关键词时，企业出现的可能性会更大。在填写产品信息时，应尽量详细和完整，必须包括的基本信息有品牌、企业官网、联系方式等。在创建企业页面时，不要忘记设计一个别致的欢迎页，可以借助一些插件来完成。这些工作做完之后，就可以在脸书添加企业专页了。

（2）吸引粉丝并与之互动

成功建立页面之后，就需要通过各种方式来增加人气。丰富的页面内容是吸引消费者的基础。企业可以充分利用论坛和优兔（YouTube）等应用程序来增加页面的内容。提高页面的丰富程度只是一种被动式的宣传，在顾客没有浏览到这个页面前，其丰富的信息没有机会呈现，也就不能实现用户转化。所以在丰富页面的同时，还要与粉丝充分互动，利用“病毒式”营销的特性，实现信息在好友圈中的不断扩散。除此之外，企业还可以直接公开其电子邮件和博客，让消费者自愿订阅企业动态。

脸书作为平台，也为企业账号的营销提供了三种工具：粉丝专页、定向广告、链接的外挂（企业产品信息外挂在购物网站）。

（3）建立群组并进行宣传

群组是脸书“病毒式”营销最便捷的途径之一。企业除了建立页面，还可以再建立几个群组。两者最大的区别在于，群组中的成员之间具备相同或者相似的消费者偏好和行为，消费者群体的特征明显，通过群组来进行营销，最终转化率更高。同时，群组还有两个明显的优势：一是群内成员可以通过好友邀请，将身边的人邀请进群，实现了群组影响的高效率传播，使得具备相同或者相似消费行为特征的人群不断扩大；二是群组的管理员不是隐蔽的，可以随时随地发布产品和服务相关信息，并以企业名义呈现。

本章重点

我国跨境电子商务总体可分为跨境网络零售和 B2B 跨境电商两大类。跨境网络零售也称“小额在线国际贸易”，是指分处不同关境的交易双方，通过互联网达成交易并进行线上支付、完成物流等跨境贸易流程的网络零售活动。其发展要件包括电子商务、跨境服务平台、跨境物流、跨境网络支付的发展以及政策的支持。跨境网络零售模式根据商品流向不同可以分为出口和进口两种。跨境网络零售出口模式可以分为 B2C 和 C2C 两种；跨境网络零售进口模式可分为海淘、海外代购、海外自采自营、平台直发 / 直邮等。此外，中小企业开展跨境网络零售的步骤包括定位目标客户群体、选择产品、确定产品线、选择货源、开展网络营销、选择物流方式、选择融资与支付方式以及清关和退税。

B2B 跨境电商是指分属不同关境的企业通过电商平台达成交易、进行支付结算，并通过跨境物流送达商品、完成交易的一种国际商业活动。其面临的问题包括品牌化效应不明显，支撑性服务不完善，相关政策不完善。发展前景包括逐步从消费型渗透至产业端，B2B 品牌升级效应逐渐明显，B2B 跨境电商平台向数据化、移动化方向转型，“一带一路”沿线国家成为我国 B2B 跨境电商发展的重点区域。

跨境电商网络营销是市场营销和网络营销的一个子概念，是跨境电商企业利用各种互联网媒介在境外进行的营销活动。与传统的营销相比，跨境电商网络营销具有跨时空性、交互性和个性化、高科技、经济性、成长性以及数据化的特征。在跨境电商网络营销中，了解国际市场上的消费者特征和进行市场分析十分必要。跨境网络营销策略包括产品策略、价格策略、渠道策略和促销策略；营销工具主要有邮件营销、搜索引擎营销和社交媒体营销三种。

课后习题

一、选择题

1. 跨境网络零售主要包括（　）。

A. B2B　B. B2C　C. C2C　D. O2O

2. 实地调研常用的调研方法有（　）。

A. 询问法　B. 观察法　C. 实验法　D. 文献法

3. 最早出现的“海淘代购国外直邮”是（　）模式。

A. B2B　B. B2B2C　C. B2C　D. C2C

4. 下列不属于交易服务类平台代表企业的是（　）。

A. 阿里巴巴　B. 敦煌网　C. 大龙网　D. 易单网

5. 网络营销的企业竞争是一种以（　）为焦点的竞争形态。

A. 供应商　B. 市场　C. 顾客　D. 眼球

二、判断题

1. 跨境 B2C 是指企业直接面向消费个人开展在线销售产品和服务，通过电商平台达成交易、进行支付结算，并通过跨境物流送达商品、完成交易的一种国际商业活动。（　）

2. 社交媒体营销中，大型的社交媒体网站是最佳选择。（　）

3. 按照运营模式，我国跨境电商可以分为跨境 B2B 贸易和跨境网络零售两大类。（　）

4. 微信的点对点产品形态注定了其能够通过互动形式将普通关系发展成强关系，从而产生更大价值。（　）

三、简答题

1. 简述跨境网络零售与跨境 B2B 的区别。
2. 浅析 B2B 跨境电商的发展前景。
3. 简述跨境网络营销的策略与工具，并描述其特征。
4. 什么是跨境网络零售？跨境网络零售有哪些模式？
5. 跨境网络零售的业务流程具体是什么？
6. 简述 B2B 跨境电商的分类及发展历程。
7. 简述跨境电商网络营销的概念和特点。

参考文献

[1] 曹蓓蓓 . 从淘宝和亚马逊比较中美电子商务 [J]. 电子商务，2015（4）：3–4.

[2] 常广庶 . 跨境电子商务理论与实务 [M]. 北京：机械工业出版社，2017.

[3] 陈春花 . 亚马逊的战略头脑 [J]. 商业观察，2017（Z1）：102–105.

[4] 冯英健 . 网络营销基础与实践：第 4 版 [M]. 北京：清华大学出版社，2013.

[5] 韩一婧 . eBay：以平台携手跨境电子商务 [J]. 国际市场，2013（4）：16–17.

[6] 焦昱纬 . Kindle 品牌运营研究 [D]. 重庆：重庆工商大学，2015.

[7] 李发强 . 自贸试验区与中国跨境 B2C 电商平台建设问题研究 [D]. 北京：外交学院，2015.

[8] 李宁 . 我国跨境电商 B2B 出口平台的发展研究 [D]. 北京：对外经济贸易大学，2018.

[9] 凌守新，王利锋 . 网络营销实务：第 2 版 [M]. 北京：北京大学出版社，2011.

[10] 龙泉霖 . 中国跨境电子商务海关监管问题研究 [D]. 西安：西北大学，2019.

[11] 逯宇铎，陈璇，孙速超 . 跨境电子商务案例 [M]. 北京：机械工业出版社，2019.

[12] 聂文 . 我国跨境 B2C 电商平台的发展问题研究 [D]. 杭州：浙江工业大学，2015.

[13] 孙韬 . 跨境电商与国际物流——机遇、模式及运作 [M]. 北京：电子工业出版社，2017.

[14] 王健 . 跨境电子商务 [M]. 北京：机械工业出版社，2019.

[15] 张大卫 . 中国跨境电商发展报告（2021）——双循环格局下跨境电商发展 [R]. 北京：社会科学文献出版社，2021.

[16] 张富梅 . 传统出版业数字出版业务体系的建立与实践 [D]. 北京：首都经济贸易大学，2014.

[17] 张建国 . B2C 电子商务企业运营问题分析与改善 [D]. 天津：天津大学，2013.

[18] 周志丹，徐方 . 跨境电商概论 [M]. 北京：机械工业出版社，2019.

第四章
跨境电子商务管理体系

本章概要

本章分为五个小节来介绍跨境电子商务的管理体系。第一节介绍了跨境电子商务的选品策略，分别从跨境电子商务的产品结构分析、选品策略、选品流程及注意事项、选品途经来具体说明相关的选品问题。第二节介绍了跨境电子商务企业的大数据分析与引流管理，在介绍了数据分析的重要性之后，介绍了几个比较典型的引流策略。第三节主要介绍了跨境电子商务进出口的仓储模式，分别介绍了海外仓和边境仓，同时对以综合保税物流为代表的进口仓储模式进行了详细说明。第四节介绍了跨境电子商务的融资方式及成本控制，阐述了采购成本、生产成本、营销成本、物流成本和支付成本等。第五节介绍了跨境电子商务企业的运营结构与代运营，对跨境电商的运营结构进行了详细的分析，同时介绍了跨境电商代运营的发展背景、概念、组织结构等内容。

学习目标

了解国内外不同市场的消费者产品选择偏好的差异性；熟悉选品过程中可能出现的法律问题、市场因素、侵权问题、货源问题等；掌握不同的选品策略。

理解数据分析的重要性及企业进行数据分析的主要目标，了解运营、客户、营销三类重要的数据类型及其包含的二级指标，理解访问量、转化率、复购率和投资回报率的概念。

了解进口仓储模式和出口仓储模式的差异；掌握边境仓和海外仓的概念及适用背景；理解综合保税物流的含义。

理解企业融资的概念和特点，了解跨境电商的融资需求；掌握成本结构中相关概念的内涵和特点。

掌握第三方平台型和自营平台型跨境电商的内涵和运营结构；了解人才和组织结构对跨境电商企业的意义；熟悉设计专员、运营专员的职责。

第一节 跨境电子商务企业选品策略

一、跨境电子商务产品结构分析

跨境电子商务企业在选择出口市场和产品之前，需要提前了解现有的国内市场情况，了解已经存在的电商产品与消费结构、跨境电商的产品结构，对不同国家的市场也要有一定的了解，这有助于企业进行产品的选择。

（一）国内电商消费产品结构分析

中国互联网络信息中心（China Internet Network Information Center，CNNIC）发布的第49次《中国互联网络发展状况统计报告》显示，截至2021年12月，我国网络购物用户规模达到8.42亿，同比增长7.09%；网络零售继续保持较快增长，成为推动消费扩容的重要力量，在构建新发展格局中不断发挥积极作用。

我国国民对电商产品的偏好也可成为跨境电商企业出口时选品的借鉴。《2021中国网络购物行业市场前景及投资机会研究报告》显示，健康、绿色、高品质商品越来越受到消费者的青睐。例如，智能家居、智能穿戴、智能家电消费呈现高速增长态势。智能家居设备销售额同比增长90.5%；智能腕表、智能眼镜等智能穿戴用品销售额同比分别增长36.3%、26.8%。户外用品销售额同比增长30.8%，其中帐篷、滑雪装备、冲浪潜水装备销售额同比分别增长57.0%、55.2%、39.2%。有机蔬菜、有机奶、有机食用油销售额同比分别增长127.6%、24.1%和21.8%。不少体现中华优秀传统文化的非遗特色产品成为新的国潮商品，销售额同比增长39%。

（二）跨境电商消费产品结构分析

1. 跨境电商出口国分布

2020年，中国内地跨境电商零售出口目的地排名前十的国家和地区分别为马来西亚、美国、新加坡、英国、菲律宾、荷兰、法国、韩国、中国香港、沙特阿拉伯。2021年，中国跨境电商出口货物主要发往美国、英国、马来西亚、法国、德国、日本、西班牙及俄罗斯等国家。可以看出，美国、英国、马来西亚为中国跨境电商的主要出口目的地。这些国家和地区由于基础设施比较完善、网购环境成熟、消费者群体更为成熟，电子商务的发展程度较高。

2. 跨境电商卖家品类分布

从商品品类看，2020 年中国跨境电商零售出口额排名前十的品类合计占比 97%，出口商品品类集中度较高。其中，“特殊交易品及未分类商品”占比 51%、“纺织原料及纺织制品”占比 18%、“机电、音像设备及其零件、附件”占比 9%、“杂项制品”占比 5%、“塑料及其制品；橡胶及其制品”占比 4%、“革、毛皮及制品；箱包；肠线制品”占比 2%、“贱金属及其制品”占比 2%、“光学、医疗等仪器；钟表；乐器”占比 2%、“鞋帽伞等；羽毛品；人造花；人发品”占比 2%、“珠宝、贵金属及制品；仿首饰；硬币”占比 2%。在品类上，“纺织原料及纺织制品”“光学、医疗等仪器；钟表；乐器”“革、毛皮及制品；箱包；肠线制品”等实现快速增长，增速均超过 30%；“活动物；动物产品”“光学、医疗等仪器；钟表；乐器”等实现较快增长，增速均超过 25%。

3. 跨境电商产品类别

（1）劳动密集型产品和技术密集型产品

劳动密集型产品是指在生产过程中劳动力投入比重相对较高的产品，与资金密集型、技术密集型产品有所区别。有形商品在国际贸易中可分为初级产品和工业制成品，其中劳动密集型产品属于工业制成品。

技术密集型产品属于知识密集型产品，是指需要使用复杂、先进、尖端的科学技术才能进行生产的产品，或者在作为生产要素的劳动中技术密集程度较高的产品（见图 4–1）。

（2）标准化产品和附加值产品

中国跨境电商出口品类主要包括 3C 电子产品、服饰服装、户外用品等。以标准化产品为主的出口产品结构符合跨境电商的发展特征，因为其品类趋于统一，非常适合进行互联网推广和销售（见图 4–2）。

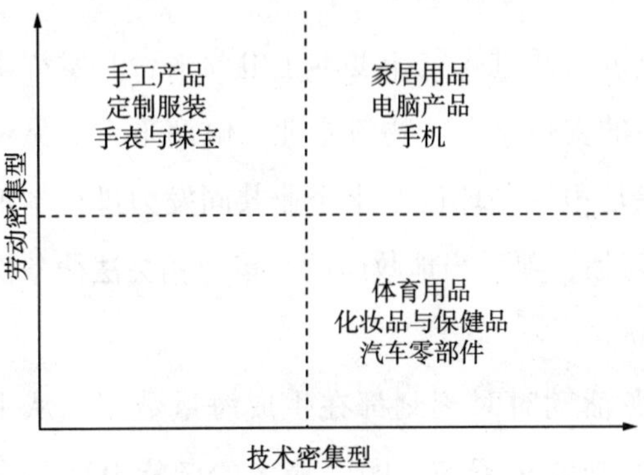

图 4–1　劳动密集型产品和技术密集型产品

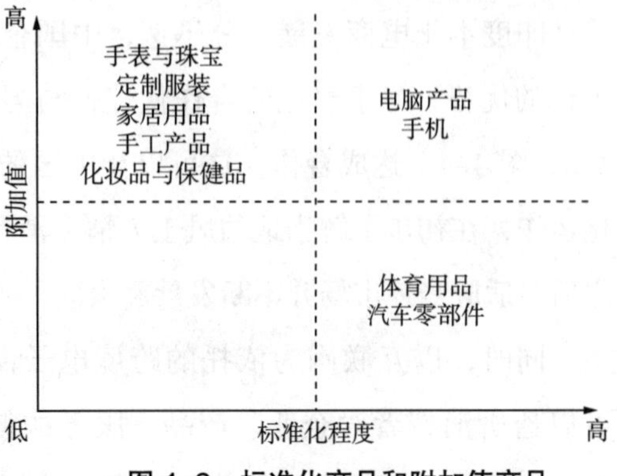

图 4–2　标准化产品和附加值产品

二、跨境电商企业选品策略

（一）基于细分市场的选品策略

开展跨境电商业务的第一步就是市场分析，了解目标消费者的需求，基于不同的细分市场制定不同的选品策略。

1. 基于地域因素的选品策略

每个跨境电商出口平台都有自己的市场定位，如全球速卖通的市场集中于俄罗斯、巴西等新兴经济体，所以要定期做好跨境店铺海外市场的调研分析工作，对目标海外市场的需求进行分析调研，结合第三方报告的信息作出综合判断。

《中国电子商务报告（2020）》显示，2020 年中国的出口地主要分布在美国、英国和东盟。新兴经济体的不断发展扩大了现有用户的规模，同时随着发达国家的消费升级，发达国家用户逐步转向品质消费。由于不同的目标国家中，人们的生活习惯、节日习俗存在差异，对目标市场的选品就要更具有针对性。

（1）从关注需求角度——以印度市场为例

全球电商增长最快的地方是中国、巴西、印度、俄罗斯等新兴经济体。如果出口对象是印度市场，首先就要对印度市场有一定的了解。印度经历了较短的个人电脑（PC）时代之后直接转向了移动互联网时代，中国电商企业在开发印度跨境电子商务市场时，应该设立专门为移动设备优化过的跨境电子商务网站，或者为自己的网站建立移动客户端，以满足印度网民移动浏览的需求。有条件的企业还可以提供高质量的移动支付功能，以完善移动跨境电子商务环节。中国企业需要加强与印度网络服务商、移动电子商务运营商、手机购物 App、移动支付 App 等方面的合作，以满足印度移动电子商务的发展需求。

印度本土电商发展十分迅速，中国企业可以通过入驻印度本土电商平台，发挥本土化的优势，寻求当地的合作伙伴，与当地的支付平台、物流企业、电商平台（见图 4–3、图 4–4）达成合作。这可以让中国的跨境电商与印度本土企业共同发力进行本地化运作，在初步了解当地的风土人情、消费习惯，熟悉当地政府的政策与相关法律条例之后，适应当地市场并不断发展壮大。

同时，以互联网为依托的跨境电子商务活动时时刻刻都在生成海量数据，从中可以透析消费者对企业、产品、服务的偏好与购买习惯。印度最大的杂货电商平台 BigBasket 就对消费者的购物行为进行分析，并形成消费者行为模式报告，对商品、型号、活动内容、品牌的选择都具有重大的参考价值，还可以利用持续性研究预测消费走势，对产品的战略规划、生产预测、研发等都具有重大意义。

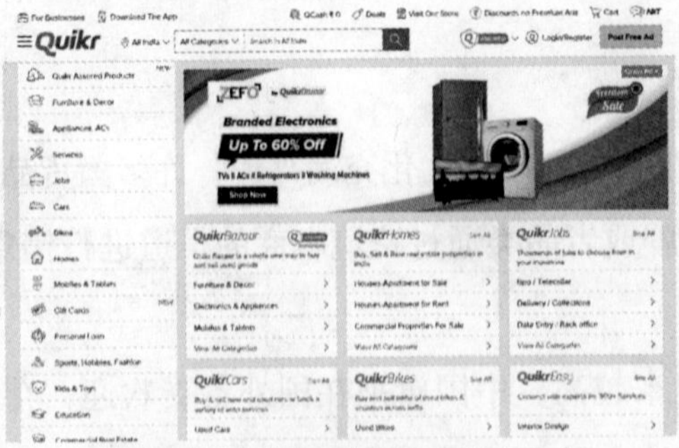

图 4–3　印度本土电商 Quikr

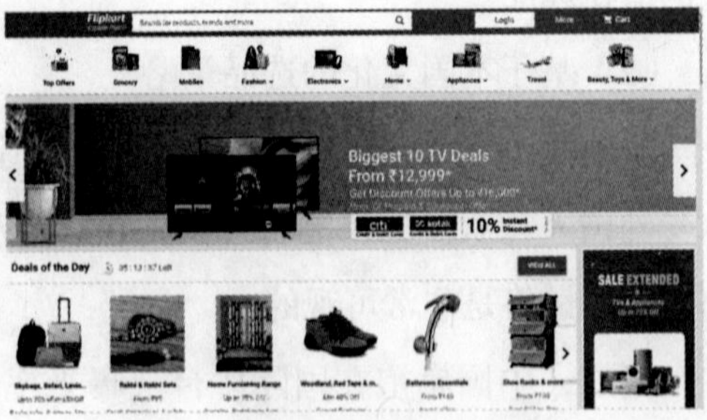

图 4–4　印度本土电商 Flipkart

（2）从提升品质角度——以欧美市场为例

欧美市场是我国跨境出口最大的市场，所以分析欧美市场消费者的喜好习惯、热门选品十分重要。欧美市场成熟度比较高，人们对网购的参与度和认可度也比较高。随着经济水平的不断提高，欧美市场的消费者由追求低价向追求品质转变，人们不再只是购买必需品，而是对商品有着独特的理解和追求，只有满足这些需求的产品才值得购买。掌握了这些基础信息之后，就能更好地进行选品决策。

2. 基于文化因素的选品策略

不同地区拥有独特的文化和历史底蕴，会渗透到人们生活的方方面面，包括购买产品的途径、交易的方式、喜欢的产品类别、对贸易的观点等。提前对当地消费者进行调研，可以了解当地消费者的偏好和需求，进而进行选品。

（1）基于当地文化的选品策略

卖方确定出口目的地时，可根据当地的文化进行选品。在宗教气氛浓重的国家，可选取当地的宗教服饰、食品等进行出口，或选取当地人气旺的明星产品，出口周边产品。

中国作为世界上最大的玩具生产国，2021 年玩具出口额为 461.2 亿美元，同比增长 37.84%，增速为近 5 年最高。2021 年中国玩具前十大出口目的地分别为美国（占比 29.2%）、英国（占比 4.5%）、日本（占比 3.9%）、韩国（占比 3.6%）、德国（占比 3.6%）、荷兰（占比 3.3%）、墨西哥（占比 3.1%）、俄罗斯（占比 2.8%）、澳大利亚（占比 2.4%）、马来西亚（占比 2.3%）。可以看出，欧美国家是中国玩具出口的主要市场。2021 年中国玩具出口到美国的出口额为 134.8 亿美元，同比增长 57.3%。美国对中国玩具的需求呈现快速上升的趋势，主要是与动漫联名的相关玩具。

在当今世界的玩具市场上，谁能率先抢得影视动漫授权的先机，谁就能够更好地掌握市场。卖方可以通过各种渠道，关注目标国家最近即将上映的电影，相关商品就是很好的潜在爆品。

（2）基于本国文化的选品策略

中国历史悠久，文化底蕴深厚，世界上很多人对中国文化充满兴趣，许多国货品牌深受外国人喜欢。如果能将外国人喜欢的品牌或者品类通过跨境电商的渠道进行销售，那么销售量将是非常可观的。

例如，中国旗袍在国际舞台上曝光率越来越高，中国旗袍在国外备受欢迎，存在着巨大商机。2019 年，由中国民间文艺家协会、沈阳市委宣传部共同主办的“首届中国旗袍文化节暨‘盛京 1636’第三届沈阳国际旗袍文化节”，在沈阳故宫大殿前隆重开幕。这是一次旗袍之美的国际亮相。来自世界各国的模特汇聚沈阳，展示出不一样的旗袍之美，是一次中外文化的交流共融。随着旗袍文化的输出，越来越多的国际设计师将旗袍搬上时装周的舞台，旗袍在国际秀场上有了一席之地。

（二）基于长尾理论的选品策略

长尾理论认为，如果用正态曲线来描绘人们关注的产品，位于曲线头部的热销产品是人们重点关注的，而位于曲线尾部（即长尾）的产品往往会被人们忽略掉。然而在互联网发达的今天，关注成本比较低，人们关注正态分布曲线尾部带来的效益可能会超过关注曲线头部带来的效益。长尾产品是指存储和流通渠道广，但是需求量不多的产品。只要产品满足“储存展示的场地足够大，流通的渠道足够广”“生产成本极低，以至于可以针对个人安排生产”“销售成本低”，那么任何看似需求极低、销量不高的产品，占据的市场份额加起来也可能会比主流产品的市场份额还要大。

谷歌就是一个典型的长尾公司，其成长就是把广告商和出版商的长尾商品商业化的过程。谷歌的 AdSense 面向的客户是数以百万计的中小网站和个人。对于普通的媒体和广告商而言，这个群体的价值微不足道，但是谷歌通过个性化定制服务将这一数量众多的群体汇集起来，形成了非常可观的经济利润。

因此，跨境电商商家寻求长尾商品进行销售，竞争较小，且可能获得由零散市场整合起来的巨大市场空间。同时，由于其市场离散，商品在实体线下市场并不多见或种类不齐全，因此线上销售这类商品也是极为有利的。

（三）“跟风”选品策略

“跟风”选品就是以市场为导向进行选品。跨境电商交易中，一些商品会带来巨大的销量，如果此种商品被市场广泛认为存在供小于求的情形，那么选择此类商品进行销售就可以确保商家商品不囤积、不滞销，甚至带来巨大销量。这是一种简单方便的策略。

完全跟风选品策略是如今应用最广泛的、流量较大的几个平台使用最多的策略，即通过分析销售排行榜，选择排名靠前的产品进行销售。不同跨境电商销售平台有不同的特点，跨境电商卖家会根据自身和平台的特点，选择不同的畅销品进行销售。

例如，全球速卖通以 B2C 模式为主，销售商品多为体积小、重量轻、价格相对较低的商品，目标市场以发展中国家为主。因此，销售家居类、日用类小商品的厂家可以根据全球速卖通的榜单来选品。

又如，亚马逊特别注重品牌概念，对产品质量和品牌都有非常高的要求。亚马逊销售的大多为电子产品、汽车配件、家居产品和运动器材等标准化产品。卖家可以在其榜单上找到销售靠前的产品，从中筛选出货源比较充足且质量有保证的热门商品进行跟卖。

三、跨境电商企业选品的流程及注意事项

（一）选品流程

选品首先要经过市场调研，再进行数据分析，最后综合考量各种影响因素。

1. 判断目标市场用户需求和流行趋势

各地区消费者的生活方式、消费习惯、文化背景都存在很大差异，同一件商品不可能适合所有买家。在选品之前，首先要对消费者市场进行调研，研究目标市场消费者的需求，了解他们的消费习惯和流行趋势。

2. 适应跨境电商的物流运输方式

跨境电商物流具有运输时间长、不确定因素多的特点。在运输途中可能会遭遇天气突变、海关扣押、物流周转路线很长等状况。同时，不同国家和地区的物流周期相差很大，最快 3~5 天，慢的则可能长达 1 个月。在长途运输过程中，包裹难免会受到挤压、抛掷等损害，甚至可能经历四季温度的变化。因此，选品时要考虑产品的保质期、耐挤压程度等因素。

同时，因为跨境物流费用比较高，选品时也要考虑相应的重量和体积产生的物流费用是否在可承受范围内。在实际操作中，一般选择体积较小的产品，主要是因为方便以快递方式运输，节省国际物流成本。此外，尽量选择附加值较高的产品。如果产品的单价低于运费，需要仔细考察目的国市场，判断是否可以销售，尽量打包出售以降低物流成本占比。

3. 判断货源优势

选择的商品满足以上条件之后，跨境电商企业就要考虑自身是否具有货源优势。对于初级卖家来说，如果所在地区有成规模的产业带或是体量较大的批发市场，则可以直接在市场上寻找现成的货源。如果没有现成的货源，可以考虑在网上寻求货源。

已经有一定销售经验并且具有一定经济实力的企业，能够判断自身商品的市场接受度，可以考虑寻找工厂资源，对比较有把握的商品进行试卖。

经验丰富的跨境电商企业，可以先进行预售，利用这种方式来了解市场接受度，之后再下单生产，减少库存和现金流压力。

（二）注意事项

跨境电商企业在选品时要尽量避开两类产品，第一类是平台禁止销售（限售）的产品，第二类是知识产权保护类产品。企业销售这两类产品必须提供相关授权证明，同时经过平台的审批，否则将面临严重处罚。

同时，在选品时也要注意相关的法律问题、市场因素、侵权问题和货源问题等。要注意遵守相关的法律法规，主要包括国际相关法律法规、出口国法律法规以及进口国法律法规；注意市场相关因素，提前对目标市场进行分析，了解当地的语言、文化、物流渠道、市场规范和消费结构，以更好地了解用户需求；注意防范侵权问题，了解知识产权中的商标权、专利权、著作权，并在跨境销售前提前获得海外国家销售许可；注意对货源进行严格把控，保证货源的充足性，同时从熟悉的产品和领域进行选品，选品的品类也要尽量“专一”。

四、选品途径

跨境电商的选品途径基本上分为两类，即线下选品和线上选品。

（一）线下选品

线下选品是指卖家结合自身优势资源，借助自身关系，在熟悉的行业进行选品。线下选品包括专业批发市场选品和合作意向工厂选品。

1. 专业批发市场选品

专业批发市场选品与常规的店铺选品有一定的相似之处，都是根据店铺自身定位和市场货源进行选品。但这种选品方式成本较高，不能自由控制库存，对跨境电商商家而言具有很大的限制性。

2. 合作意向工厂选品

合作意向工厂选品是基于店铺的定位进行商品预订。与专业批发市场选品相比，这种选品方式更具针对性，但对资金的要求比较高。

总的来说，线下选品具有明显优势。首先，线下选品的持续时间较长，线下货源的透明度相对较高，产品特征明显，较难导致同质化现象。其次，如果能够直接从工厂拿到一手货源，很容易建立起自有货源。在这种情况下，如果销量可观，就可以将自己的存货作为货源，为其他卖家提供货物。最后，如果与工厂建立起了合作关系，在得到产品反馈后就可以及时对产品进行改造和升级，使产品不断得到优化，以区别于市面上同类产品。

但线下选品的缺点也是不可忽视的。一旦没有自己的进货渠道，就很难找到适合的产品，同时限制条件比较多，进入门槛也很高，操作存在一定的难度。

（二）线上选品

线上选品是指在各大跨境电商平台进行各类数据的综合对比，如价格、销量等。跨境电商卖家对数据必须具有很强的敏感性，养成数据分析的习惯，用科学、严谨的数据进行精准定位，作出产品选择。跨境电商平台为卖家提供了数据分析的工具，卖家应该从需求方的角度出发进行站内外选品。

1. 站内选品

站内选品是指平台卖家利用该平台的数据分析工具进行产品选择。卖家可以利用平台提供的行业情报、选品专家、搜索词进行数据分析，了解行业情况，判断行业趋势，为经营决策提供依据。卖家可以根据行业类目和时间范围选择需要查看的行业数据；选择不同的指标，了解某个行业未来一段时间的变化趋势，及时掌握行业动态，也可对两个行业进行横向比较。

2. 站外选品

站外选品是指平台卖家利用其他跨境电商平台或站外工具，进行进一步的数据分析和产品选择。

选品专家指数如表 4–1 所示。

表 4–1　选品专家指数

指数名称	指数内容
成交指数	在所选的行业中、所选的时间范围内，累计成交订单数经过数据处理之后可以得到相应的指数；成交指数不等于成交量，成交指数越大，成交量越大

续表

指数名称	指数内容
购买率排名	在所选的行业中、所选的时间范围内，购买率的排名
竞争指数	在所选的行业中、所选的时间范围内，产品对应的竞争指数。竞争指数越大，竞争越激烈

热搜词指标如表 4-2 所示。

表 4-2 热搜词指标

指数名称	指数内容
是否品牌词	如果是禁限售产品，销售此类产品就会受到处罚；对于品牌产品，如果拿到授权可以进行销售
搜索指数	搜索该关键词的次数经过数据处理后得到的对应指数
搜索人气	搜索该关键词的人数经过数据处理后得到的对应指数
单击率	搜索该关键词后并单击进入产品页面的次数
成交转化率	关键词带来的成交转化率
竞争指数	供需比经过指数化处理的结果。竞争指数越大，竞争越激烈

注：供需比 = 所选时间段内每天关键词曝光的最大产品数 ÷ 所选时间段内每天平均搜索人气。

飙升词指标如表 4-3 所示。

表 4-3 飙升词指标

指数名称	指数内容
是否品牌词	如果是禁限售产品，销售此类产品就会受到处罚；对于品牌产品，如果拿到授权可以进行销售
搜索指数	搜索该关键词的次数经过数据处理后得到的对应指数
搜索指数飙升幅度	所选时间段内累计搜索指数同比上一个时间段内累计搜索指数的增长幅度
曝光产品数增长幅度	所选时间段内每天平均曝光产品数同比上一个时间段内每天平均曝光产品数的增长幅度
曝光卖家数增长幅度	所选时间段内每天平均曝光卖家数同比上一个时间段内每天平均曝光卖家数的增长幅度

第二节 跨境电子商务企业大数据分析与引流管理

一、跨境电子商务企业大数据分析

（一）数据分析的概念

流量是跨境电商生存的根本，通过数据分析，可以控制流量。数据分析对跨境电商的营销与引流十分重要，有了数据分析的支持，电商企业可以了解消费者的需求，进而对产品或服务进行有针对性的调整。这就是大数据赋予跨境电商的新的价值。越成熟的跨境电商品牌，越需要运用大数据分析能力驱动跨境电子商务运营的精细化，更好地提升运营效果和业绩。

大数据不仅可以为消费者画像，还可以给商家提供各式各样的信息。跨境电商企业可以自己开展大数据的研发和应用，也可以通过第三方机构来实现对大数据的应用。消费者在使用搜索引擎服务时，无形中将个人爱好等数据传送给了消费平台。对用户搜索行为、浏览行为、评分历史和个人资料等数据进行挖掘和匹配，可以分析消费者的整体需求，对产品的生产和营销作出更有针对性的改进。

（二）数据分析对象

分析数据能够帮助企业了解日常数据变动，提醒专业人员及时调整产品和营销策略。熟悉顾客的需求，了解他们的消费习惯是企业提高业绩的关键。

1. 运营类数据

①流量类数据：独立访客数、页面访问数、人均页面访问数、跳出率、页面访问时长、人均页面浏览量。②订单产生效率数据：总订单数量、访客到下单转化率。③反映总体销售业绩的数据：网站成交金额、销售额、客单价。④财务数据：销售毛利、毛利率。

2. 客户类数据

①常见客户指标：客单价、客户留存率。②新客户数据。③老客户数据：消费频率、最近一次购买时间、客户消费金额、复购率。

3. 市场销售类数据

①市场营销活动指标：新增访问数、新增注册数、总访问次数、订单数量、下单转化率[①]及投资回报率[②]（ROI）。②广告投放指标：新增访问数、新增注册数、总访问次数、订单数量、下单转化率[③]、广告投资回报率[④]等。③市场内竞争数据：市场占有率[⑤]、市场扩大率[⑥]、用户份额[⑦]、交易额排名[⑧]、网站流量排名[⑨]。

---

① 此处的下单转化率是指活动期间该活动所带来的下单次数与访问该活动的次数的比值。

② 投资回报率是指某一活动期间内产生的交易金额与活动投放成本的比值。

③ 此处的下单转化率是指某广告带来的下单次数与访问该活动的次数的比值。

④ 广告投资回报率是指某广告产生的交易金额与广告投放成本的比值。

⑤ 市场占有率是指跨境电商网站交易额占同期所有类型网站整体交易额的比例。

⑥ 市场扩大率是指购物网站占有率较上一统计周期增长的百分比。

⑦ 用户份额是指购物网站独立访问用户数占所有跨境电商网站合计独立访问用户数的比例。

⑧ 交易额排名是指跨境电商网站交易额在所有同类电商网站中的排名。

⑨ 网站流量排名是指跨境电商网站独立访问数量在所有同类电商网站中的排名。

企业应构建自身的数据分析系统，常规性的销售额、利润、利润率等指标都可以通过系统实现，同时直接对接库存管理数据，比使用软件计算的效率更高，且可以根据需求灵活定制开发。

二、跨境电子商务企业引流策略及管理

企业无论采用什么样的运营手段，最终都落脚于流量、转化率、复购率和投资回报率这些能带来效益的指标上。无论是企业还是平台，营销的最终目的都是提升这几个指标数据，从而带来盈利。

消费者在购买商品时一般都要先进行搜索，因此跨境电商搜索引擎优化尤其重要。需要产品的顾客即为有效流量，提高有效访问量对跨境电商企业尤为重要。

（一）取一个有利于跨境电商搜索引擎优化的店名

跨境电商网店的名字至关重要，在一定程度上彰显了实力，可以使网店在众多店铺中脱颖而出。从市场的品牌效应来看，一个好的网店名称可以起到事半功倍的效果。

（二）优化标题

标题是广告中最显眼的部分，在电商平台上足以成就或摧毁一件商品，因此，需要创建一个含有丰富关键词的恰当的标题。

（三）重视商品分类

跨境电商对商品进行顺序分类，对于提高店铺和商品的曝光度具有重要影响。商品分类是一个有效的数据点，跨境电商平台的搜索算法也会把这一因素纳入其中，因此一定要关注商品分类。

（四）优化关键词

在跨境电商搜索引擎优化时，关键词有时是最流行的数据点，商家可以把搜索词条当作未被添加到标题中的关键词。商家可以用多个词组成一个搜索词条，也可以使用标题中没有的关键词。

（五）细化商品属性

跨境电商平台使用商品定义特征帮助顾客细化搜索结果，当顾客使用某个搜索词条时，就可以进行适当的匹配。商品属性可以为店家提供双倍的影响力，在消费者的浏览和搜索活动中有助于对商品的细化。

（六）优化详情描述

如果商品带有描述性文本，就需要注重商品详情页面，为文字描述添加一些个性化内容。尽管商品描述中的内容通常算不上搜索引擎优化的一个因素，但仍要添加一些内容作为电商平台的另一个验证，用来确认在整个商品刊登中使用一致的关键词。

（七）创造移动优先体验

性能设计是快速登录页面必不可少的，应聚焦用户体验，尽量少用闪烁字体、插件弹出式页面和插页式广告。

（八）进行站内付费推广

跨境电商企业可以根据不同跨境电商平台的情况，应用平台免费或者付费软件，通过打折或设置优惠券等方式吸引消费者。还可以利用付费方式提升站内店铺搜索排名，从而能够被优先搜索到并提升店铺流量。此外，企业要利用好每年的重大节日和平台的大促活动，积极参加节日促销活动。

（九）跨境 O2O 引流

跨境 O2O 引流是把线下的有效流量引到线上，通过线上的营销与顾客建立起长期的联系。跨境 O2O 分为以出口为主的 B2B 跨境 O2O 和 B2C 跨境 O2O。其中，B2C 跨境 O2O 模式主要有：①线上下单，机场提货。该模式主要面向出国旅行者，旅行者看中了某个海外的免税商品，就可以在相关跨境电商平台上下单，在机场自提。这类平台有天猫国际 O2O、韩国乐天网上免税店、携程旅行网 O2O 等。②“前店后仓”保税仓库。这种模式既展示商品又方便购物。跨境电商 O2O“前店后仓”在一定区域设立保税仓库，并与电子商务、海关、税务、物流快递等组合，整个交易过程可以在 10 分钟内完成。商店可以展示最新的进口产品，仓库可以储存商品。③在闹市区开体验店，线下展示、线上购买。④与线下实体商家合作，互利共赢，利用线下实体商家品牌的影响力增加客流量。⑤线下体验店和休闲娱乐，打造小商圈。此模式的践行者如洋立方，将海淘、购物、咖啡屋、培训等服务融为一体。⑥成立跨境购 O2O。投资管理联盟公司平台，平台上游是海外供应商、保税商、保税区商贸企业，下游则是体验店、客户、营销渠道、社会、公司、家庭等。公司股东将由商贸企业、电商、物流、通关、投资等组成的跨境 O2O 公司作为经营人，具体负责项目的执行。⑦线下体验，线上接单，直接提货。

第三节 跨境电子商务出口仓储模式

物流问题是跨境电商企业必须重视的核心问题。随着跨境电商的迅速发展，消费者对跨境电商物流水平的要求不断提高。跨境电商企业在竞争中制胜的关键在于节约物流成本、提高物流效率。跨境电子商务涉及进口和出口两个方面。本节将从理论和实践方面探讨跨境电商出口仓储模式的内涵、特点、使用方法与注意事项等相关问题。

现阶段跨境电商常用的出口仓储模式分为边境仓和海外仓两种。

一、边境仓

（一）边境仓的概念

边境仓，顾名思义是指建在边境附近的仓库，是借助边境口岸和跨境物流通道，针对跨境电商建立的具有多种服务功能的仓储配送系统，是跨境电商物流的升级版。边境仓可以提供产品的收货、分拣、质检、打码、仓储、发运等一系列服务，同时还可提供多种增值服务，如产品称重、产品拍照、包裹拍照等。将货物提前发往边境仓，可以缩短货物在国内的运输时间，货物实际上是从边境仓通过邮政小包发到海外的。

对于卖家而言，边境仓可以降低仓储与物流成本。卖家可以把商品全部放到边境仓，平台与边境仓系统对接，平台前端产生订单，将信息推送到边境仓系统，边境仓的工作人员进行货物分拣、下架、打包、发运，节省了商品在国内运输的时间，减少了物流配送周期的波动，避免了大促期间国内物流爆仓对跨境物流运输的影响。

对于买家而言，采取边境仓模式，可以获得更好的用户体验。这种模式适用于买卖双方位于相邻的两个国家，有共同的陆路边境的情况。

（二）使用边境仓的产品

存放在边境仓的商品多是一些热销爆款或者是当下流行的服装等市场需求比较强且稳定的产品。由于通过边境仓可以实时监控库存变动，第一时间供应产品，避免缺货带来的损失，因此边境仓适用于那种即使遇到滞销，也能通过平台的一些营销活动处理掉的产品。

（三）使用边境仓的建议

企业在使用边境仓初期，应该选择一些销路比较稳定的货物；等了解了当下的流行趋势和市场变化趋势或了解了企业的市场之后，再增加多种品类商品的库存。

二、海外仓

（一）海外仓的含义

海外仓是从事跨境电子商务出口的企业在国外自建或者租用的仓库。跨境电商企业将货物批量发送至国外仓库，由电商平台、物流服务商独立或共同为卖家在出口目的地提供货品仓储、分拣、包装、派送等一站式控制与服务，最终实现国外销售配送。海外仓的本质就是将跨境贸易本地化，提升消费者的购物体验，从而提高跨境卖家在出口目的地市场的竞争力。

（二）使用海外仓的原因

1. 提升客户体验

随着跨境电商逐渐发展成熟，消费者对便利、快捷的海外仓储物流的需求不断攀升。海外仓的存在大大缩短了配送时间，并且能够在线查询本地货物配送状态，实现全程跟踪。此外，海外仓中各类商品存货充足，能轻松实现退换货。因此，海外仓能给消费者带来更好的购物体验，促使更多消费者实现二次购买，从而提升销售额。

2. 降低物流成本

对于中国的跨境电商而言，控制物流成本是在竞争中脱颖而出的关键。从海外仓发货的物流成本远远低于从中国境内发货，同时从海外仓发货可以节省报关清关所用的时间。并且若是从海外仓发货，客户可能在三天以内收到货物，大大缩短了运输时间，增强了物流的时效性。

邮政大小包和国际专线物流对运输物品的重量、体积以及价值有一定的限制，导致很多大件物品和贵重物品都只能通过国际快递运送。海外仓的出现不仅突破了物品重量、体积、价值的限制，费用也比国际快递低很多。

（三）海外仓使用流程及操作指南

1. 使用流程

卖家根据对市场的预测进行选品备货，然后将货物交给服务商。服务商通过海运、空运或者快递的方式将卖家的货物运送到服务商在各国的仓库。货物到达后，卖家的客户在网站平台、网店或者其他渠道下单后，卖家可以在服务商物流管理系统下单填写需要配送的商品、买家的联系信息和本地派送方式。服务商根据卖家的订单要求对卖家存储在海外仓的商品进行本地配送，最终送至海外买家手中。

2. 操作指南

①入库。客户注册账号—确认并开通账号—建立产品信息—打印产品标签贴在每个产品上—建立入库单—按照集装箱单装箱，并将装箱单贴于箱子外包装—预约上门取货—发货到海外仓库—产品上架。

②库存管理。卖家与服务商业务系统实现应用程序编程接口对接，科学管理库存产品信息，设置发货方式，自动抓取订单信息。

③出库。

④买家下单。卖家在服务商业务系统建立出库订单，服务商系统接收订单，海外仓打印地址标签，从货架拣选产品，贴上相应的地址标签，交给当地物流商，将货物派送到买家手里。

（四）海外仓的功能

在传统的跨境商品运输过程中，海外仓主要发挥代收和发运等仓库的传统功能。随着国际贸易的深入，海外仓的功能也在不断丰富。

1. 代收货款功能

跨境交易存在较大的风险，为减少交易风险，解决资金结算不便、不及时的难题，在合同规定的时限和佣金费率下，海外仓在收到货物的同时可以提供代收货款的增值服务。

2. 拆包拼装功能

一般 B2C 跨境电子商务模式订单数量相对较少、订单金额低、下单频率高，具有长距离、小批量、多批次的特点。因此，为实现运输规模效应，可对零单货物实行整箱拼装运输，货物到达海外仓后，由海外仓将整箱货物进行拆箱，同时根据客户订单要求为地域范围集中的用户提供拼装业务，进行整车运输或配送。

3. 保税功能

海外仓一旦经海关批准成为保税仓库，其功能和用途范围会更为广泛，可以简化海关通关流程和相关手续；同时可以进行转口贸易，以海外仓所在地为第三国，连接卖方国家和买方国家，能够有效躲避贸易制裁。保税仓还可以提供简单加工等增值服务，能有效丰富仓库功能，提升竞争力。

4. 运输资源整合功能

跨境电商贸易数额相对较小、下单频率高，为了将国内仓库的上游供应商资源和国外仓库的下游客户资源进行更好的整合、满足物流高时效的配送要求，可以将国内仓库作为共同配送的终点、将海外仓作为共同配送的起点，从而获得运输的规模效应，降低配送成本。一般难以实现规模运输的产品，通过海外仓服务，一方面可以实现集中运输，另一方面可以更好地搭建逆向物流的运输平台，提高逆向物流货品的运货能力、降低成本费用。否则一旦内销物流产生阻滞，跨境电商将面临高额的返程费用和关税征收。海外仓的存在可以在提高逆向物流速度的同时，提升客户满意度和客户价值。

（五）海外仓的收费标准

要利用海外仓实现控制物流成本的目的，首先必须明确海外仓的收费标准。一般海外仓的费用组成为：海外仓费用 = 头程物流费 + 清关及税费 + 仓储及处理费 + 本地配送费用。

其中，头程物流费是指货物从中国到海外仓产生的运费。仓储及处理费是货物存储在海外仓和处理的费用。本地配送费用是指在当地对客户商品进行配送产生的快递费用。

目前，市面上，海运头程海外仓存在较多的促销活动，大部分海外仓免收第一个月的仓储费，即从海外仓收到客户货件开始 30 天内货件的仓储费全免。零仓储费是不可能实现的，但可无限降低仓储费。降低仓储费不是要客户保守发货，保守发货容易造成断货现象，客户需要在了解自身在免仓储费期间的销售数量和头程发货周期后再稳定发货。

（六）使用海外仓的注意事项

1. 海外仓库存管理

第一批产品运到海外仓后就可以开始销售，经过一段时间分析出某个 SKU 在过去一个月或者三个月的销售情况及走势，再根据预测进行补货。卖家如果发现货物卖得很好就要提前准备往海外仓发货。一般情况下需要设置一个库存预警值，卖家可以基于销售情况进行库存分析和周期分析。

2. 海外仓货物周转

由于卖家需要在买家下单前将货物批量运至海外仓，因此海外仓的产品容易滞销。如果部分产品滞销或者周转期太长，就会导致成本上升，因此企业应该掌握货物的周转率，避免压货。压货不仅会产生大量的库存成本，而且现在大多海外仓的做法是压货到第三个月后做清货处理。

3. 海外仓的税收和海关问题

每个国家的关税、海关操作费用不同，对海外仓的政策不同，海外仓的税收也会不同。如果遇到海关操作费用高的国家，就不大可能实现海外仓的少量补货和快速补货，只能以大批量补货来分摊成本，海外仓的优势可能就不会那么明显。

不同国家的清关方式不同，了解海外仓所在国家的情况有利于降低清关成本，提高效率。以中国为例，一般贸易大批量入境要征收关税、消费税、增值税，且税率很高，而对跨境电商网购保税进口征收的行邮税的税率则低很多，一般贸易的综合关税近40%，而行邮关税只有10%。在中国，行邮清关已经成了跨境电商海淘的主要清关模式，只需提供收件人的身份证照片，手续简单、速度快。

4. 小包分散

可以充分利用免征金额，将货物分割成小包发往海外仓。

5. 衡量仓储费和税费

利用第三方管理软件或者经济订货批量（EOQ）模型，通过平衡采购进货成本和保管仓储成本，得出一个总库存成本最低的最佳订货量。既要保证不缺货，也要注意不积压太多货物，还要知道何时开始补货以及每次补多少。因为涉及进出口的税费问题，最佳的方案还应该尽量利用政策降低成本。

第四节 跨境电子商务融资方式及成本控制

一、跨境电子商务融资

（一）跨境电商融资概述

1. 跨境电商融资的含义

融资是企业作为资金需求者进行的资金融通活动，从资金来源的角度反映了企业通过哪些方式来筹措生产经营活动所需的资金，是社会融资的基本组成部分。广义的企业融资表现为资金双向互动，即包括资金的融入和融出。狭义的企业融资主要是指资金的融入，既包括企业从外部不同资金持有者手中的资金融通，也包括企业内部以一定方式进行的资金融通以及企业自我组织与自我调节资金的活动。

跨境电商融资与企业融资的概念一样，都是作为资金需求者以不同方式筹集资金。从狭义的企业融资定义来看，跨境电商企业很少能进行资金自我调剂。因为跨境电商企业多为中小微企业，其资金周转和运营情况不满足内源融资的条件，因此从事跨境电商的企业多从外部获得对自身发展有利的资金融通渠道。

2. 跨境电商融资的特点

（1）跨境电商融资与传统企业融资的差异

跨境电商企业与国内电商企业、传统生产或经营企业不同，跨境电商融资具有国内中小企业、从事外贸业务的企业、从事电子商务的企业在资金融通时的全部或部分特点。

与传统大型制造企业不同，跨境电商资产规模小，固定资产少，缺少抵押物或抵押物价值低，担保能力弱，员工人数较少，经营方式较为单一，经营状况在一定程度上受政策和宏观经济环境的影响，难以对风险进行全面且准确的评估，一旦资金链或其他环节出现问题，将无法偿还银行贷款。这些特点决定了跨境电商企业申请传统银行信贷困难重重，传统融资方式并不适用于跨境电商企业。传统企业依靠多年经营积累下来的业务规模、负债能力和声誉，往往能够取得银行等金融机构的信任。

（2）跨境电商融资现状

跨境电商企业融资难的困境，主要体现在融资缺口大、渠道少、成本高。从事跨境电商的中小微企业，在初创期履行订单义务时都对资金有着强烈的需求，筹集资金是企业生存发展的前提。跨境电商企业是跨境电子商务市场的主体，资金需求大。然而，尤其是小微跨境电商企业，仍受困于无抵押、无担保、无信用、融资渠道狭窄、资金困难导致的经营障碍。

（二）跨境电商融资方式

1. 平台贸易融资

中小微跨境电商可以利用平台进行融资。平台贸易融资具体包括平台授信额度、订单融资、基于平台的信用融资和仓单融资四类。其中，平台授信额度、订单融资和仓单融资伴随着企业的经营活动，能够很好地满足资金周转的需求，而基于平台的信用融资不仅可以解决资金周转问题，还可以在一定程度上促进企业成长。

（1）平台授信额度

平台授信额度是指跨境电商平台为跨境电商企业积累的买卖双方可见的信用额度，平台会员可据此了解交易对方的诚信度。由跨境电商平台进行信用背书，对买卖双方的交易信用进行担保，使买卖双方更容易得到对方的信任，促进交易达成。

跨境电商授信额度是将出口企业基本资信、历史交易数据和其他综合信息等真实数据积累起来，据此逐步建立起全球网上交易信用体系，在额度范围内帮助供应商向买家提供贸易安全保障，帮助买卖双方解决交易过程中的信任问题。在信用额度的帮助下，跨境电商企业可以将自身良好的信用记录变成增加订单的机会，快速达成交易。

信用额度保障是一个缓慢的过程，需要长期的积累和维护。具体来说，影响跨境电商企业信用额度的因素有跨境电商企业的基本信息、经营能力、资信情况以及其他风险因素。

提高信用额度的方法有：第一，完善企业基本注册信息，并保证上传数据的真实性。第二，加入平台的诚信评估体系，及时获取交易数据和信用数据。第三，遵守平台的相关规定，注意与平台的合作年限。第四，提高企业的经营能力，通过有效的经营保证产品质量和良好服务。第五，避免陷入商业纠纷。

（2）订单融资

订单融资是指满足条件的跨境电商企业在产生合同订单后，就应收账款和预付账款向平台申请的融资。

①订单融资的分类。订单融资分为应收账款融资、预付账款融资。

在购销双方签订合同后，平台上的供应商无法立即收入应收账款，若在备货时出现资金周转问题，可依据订单向平台申请应收账款融资。融资主体将赊销形成的应收账款转让给与金融机构合作的跨境电商平台，以获得贷款支持。应收账款的债务人是银行认可的、具有偿债能力的企业。融资主体能够提供完整、有效的债权转让文件。终端客户到期支付货款，用于偿还贷款。融资主体分批偿还贷款本息，赊货销售，最终实现货物、资金安全交付，确保买卖双方的利益。

跨境电商平台上的买卖双方签订合同后，作为货物买方的融资主体，如存在资金周转问题，可以向平台申请随订单产生的预付账款融资。平台确认无误后，为了促成交易，在金融机构的合作与支持下，依据信用额度提供不同额度的贷款，汇入供应商指定账户。随后买方在指定日期还款付息。这些平台还允许融资主体分批偿还贷款本息、赊货销售或随贷随还。这种方式不仅能帮助货物资金安全交付，确保买卖双方利益，还能降低跨境电商进口企业贷款融资的门槛和成本。

②订单融资注意事项。一是申请资质。企业需满足跨境电商平台规定的相关标准，方可申请订单融资。二是申请流程。在申请订单融资的过程中，要注意平台对流程的规定，以及需要准备的相关资料，并确保资料的完整性和真实性。三是还款方式。不同平台对还款方式、期限、利息等事项的规定不同。跨境电商企业在申请订单融资时，应充分了解平台对还款的相关规定，做好融资、预算及还款规划，避免出现到期无法还款等影响自身信用记录的问题。四是收费标准。有的跨境电商平台为申请订单贷款融资制定了一系列收费标准，企业应在融资前对此有足够的了解。

（3）基于平台的信用融资

信用融资是指跨境电商平台建立跨境电商诚信体系，对入驻平台的各个企业的交易数据、历史信用等进行记录、累积和评估，并形成可申请信用贷款准入门槛、信用贷款额度以及支付利息的标准，从而在跨境电商企业提出申请时为其提供相应额度的信用贷款。

在不同的跨境电商平台上，跨境电商企业申请信用贷款的条件也有所不同。现有跨境电商平台提供信用融资的条件大致可以总结为以下几点：一是跨境电商企业的注册信息必须真实；二是跨境电商企业必须在一段时间内持续有效经营，经营状况良好，并保持良好的签证记录；三是跨境电商企业过往交易数据所形成的信用等级须符合标准；四是贷款额度与贷款期限和信用等级相对应；五是跨境电商企业的金融机构没有不良记录且符合金融机构的审核要求。

大部分跨境电商平台的信用融资申请都可以在线上完成，在平台网站的会员服务中心均设有信用贷款申请的入口。还有一部分跨境电商平台的信用融资申请需要线上线下同时进行，在线上提交申请、审核信用数据、接受贷款、还款付息，贷款相关的申请材料需在线下递交。

（4）仓单融资

仓单融资是指跨境电商企业把国际知名贸易公司开具的仓单，以及自己可控的现金流通过信用证换取的仓单，作质押进行贷款。资金需求方将拥有的物资存放到物流企业，物流企业出具有效仓单给资金需求方，资金需求方凭物流企业出具的仓单向银行进行质押，按货值的一定比例从银行获得融资。跨境电商企业可反复申请仓单融资，现金流就可以扩张 20~30 倍，而且几乎零成本。

仓单融资的业务流程为：①在线提交入库申请，将货物存入指定的仓库；②贷款企业在线选择货物和数量，生成电子仓单，提交质押申请；③物流企业在线审核并发送给银行；④贷款企业到网上银行进行贷款申请；⑤银行审核并发放贷款。

2. 其他融资方式

处于成长和成熟阶段的跨境电商企业以及转型从事跨境电商的传统制造企业，不能仅依靠平台融资。如果想进一步开展特色项目、实现企业的战略发展，必须选择多种模式和渠道的融资方案。银行贷款等传统融资模式和发行股票等股权融资模式，都是企业可以选择的融资模式。

（1）债务融资模式

债务融资支持企业通过借款的方式，从个人、组织或金融机构借贷资金，用于企业生产经营。资金借出方成为公司的债权人，所融入的资金是企业按约定代价向债权人取得的，必须按期偿还本息。

根据资金主体不同，债务融资模式分为银行贷款、债券融资、民间借款、小额贷款公司贷款。

银行贷款是企业选择最多的债务融资方式。银行针对跨境电商企业的传统贷款主要包括信用贷款和抵押贷款。银行通常只接受以固定资产为抵押物申请的抵押贷款。规模大的跨境电商企业在信息、金融、制度等方面能够满足银行的要求，申请银行贷款的难度较低，银行提供的长期、大规模贷款也能够满足这些企业的需求。相比而言，中小微跨境电商企业的过往交易记录并不能说服银行将此作为提供贷款的依据。因此，银行等金融机构在面对这类跨境电商企业的贷款申请时通常比较严格。

债券融资更适用于已经具有相当规模、拥有核心优势的传统大型制造企业，这类企业拥有完善的财务制度和较大的资产规模，能够满足企业债券融资的条件。

民间借款分为两部分：一部分是来自亲朋好友的、免息的、无须担保和抵押的贷款；另一部分是来自亲友以外的资金方的借款，一般不需要抵押但可能需要有中间人做担保，而且年化利率高。

与银行相比，小额贷款公司的贷款门槛低，具有还款能力并能够证明的借款者，一般都能获得贷款，放款速度也比银行快。但是，小额贷款公司放款能力有限，对小微企业的资金支持也有限。同时，小额贷款公司的贷款利息并不低，对于跨境电商企业而言，临时周转资金通过这种方式融通尚可接受，长期使用则难以负担。

（2）股权融资模式

股权融资是指企业从资本市场上，通过出售或其他方式交易公司的股份，获得企业生产经营资金和发展资金的融资方式，所融入的资金可供企业长期使用，自主调配，无须归还。

股权融资模式包括股权转让、增资扩股、风险投资和私募融资四种方式。股权融资不用承担到期还本付息的压力，具有一定的财务杠杆作用，增强了企业的抗风险能力，能够吸引具有特定资源的投资者，还可能产生协同效应，壮大自身实力。由于公开市场、法规和机构投资的要求，股权融资需要企业建立较为完善的法人治理结构，只有发展到一定体量的大规模的电商企业或者转型从事跨境电商的传统制造企业，才适合通过发行股票、增资扩股的方式进行融资。

二、跨境电子商务成本控制

（一）采购成本

采购成本是指制造型跨境电商企业不生产产品，需要组织相关人员开展采购活动而发生的各项费用，具体包括订货成本、维持成本、缺货成本三部分。

1. 订货成本

订货成本是指制造型跨境电商为了完成某次采购而进行的各种活动的费用，如采购人员的办公费、差旅费、游资和通信费等。具体包括：①请购手续费用，指因请购活动发生的人工费、办公用品费，以及存货检查、请购审查等活动发生的费用。②采购询议价费用，指因调查供应商询价、比价、议价、谈判活动发生的通信费、办公用品费、人工费等。③采购验收费用，指负责采购事项的采购专员参与物料验收所发生的人工费、差旅费、通信费，使用检验仪器、计量器具等发生的费用，以及采购结算发生的费用等。④采购入库费，指入库前的挑选整理费，包括挑选整理过程中发生的工费支出和合理的损耗损失。⑤其他订购成本，指发生在订购阶段的其他费用，如结算采购款项发生的费用。

2. 维持成本

维持成本是指为了保有物料或货物而开展的一系列活动发生的费用。具体包括：①存货资金成本，是指因物料占用了资金而使这笔资金丧失使用机会所产生的成本。②仓储保管费用，是指物料存放在仓库而发生的仓库租金、仓库内配套设施费用以及因仓库日常管理盘点等活动发生的人工费等。③装卸搬运费，是指因仓库存有大量物料而增加的装卸搬运活动发生的人工费、搬运费、设备费等。④存货折旧与存储成本，是指物料在维持保管过程中发生质量变异、破损、报废等情形而发生的费用。⑤其他维持成本，是指发生在维持阶段的其他费用。

3. 缺货成本

缺货成本是指因采购不及时造成物料和货物供应中断引起的损失，包括停工待料损失、延迟发货损失和丧失销售机会损失等。具体包括：①安全库存成本，指企业因预防需求或前期的不确定性，而保持一定数量的安全库存产生的费用。②延期交货及其损失，指因缺料而延期交货发生的特殊订单处理费，额外的装卸搬运费、运输费及相应的人工费等。③失效损失，指因缺货致使客户转而购买其他产品而导致的直接损失。④失去客户的损失，指因缺货而失去客户，即客户永久转向其他企业导致的直接损失。

第五节　跨境电子商务企业运营结构与代运营

一、跨境电子商务企业的运营结构

（一）第三方平台型跨境电商的运营结构

第三方平台型跨境电商泛指独立于产品或服务的提供者和需求者，按照特定的交易和服务规范，为买卖双方提供服务的平台企业。服务内容包括但不限于供求信息发布与搜索，交易的确立、支付、物流等。

第三方平台型跨境电商的运营结构如下：

店长主要负责店铺管理与活动对接，召集数据分析组、付费推广组与客户关系组制订店铺推广计划，组织实施店铺营销方案并协调售前售后仓库及店铺营销活动。

渠道组组长主要负责制订店铺推广计划，开展渠道公关合作，策划营销推广活动，协调售前售后仓库店铺营销活动。

渠道专员主要负责渠道推广活动对接与店铺日常管理，并配合组长完成营销推广活动，配合数据分析组完成数据分析报表。

数据分析组组长主要负责建立数据分析模型，制订数据分析计划，递交数据分析报表。

产品分析人员主要负责产品推广效果分析、优差评分析和回购率分析。

市场推广人员主要负责店铺推广效果分析、产品结构调整分析和推广手段效果分析。

付费推广组组长主要负责根据数据分析报表，制定全年推广预算与KPI，组织实施推广计划。

直通车专员主要负责直通车日常推广与维护，制订各阶段产品直通车推广计划，制作推广效果总结报表。

推广页面设计人员主要负责推广活动页面设计、素材搜集整理与页面制作。

美工组组长主要负责配合店铺运营完成推广页面设计、活动页面效果跟进调整与总结分析。

美工设计人员主要负责协助组长完成活动页面制作，协助运营组制作活动素材。

后端营销组组长主要负责制定会员管理体系与会员营销方案，制作营销效果分析报表并整合会员资源。

会员营销专员主要负责会员群组管理，社会化营销会员接待、咨询以及催付方案优化。

（二）自营平台型跨境电商的运营结构

自营平台型跨境电商按照标准化要求，对其经营的产品进行统一采购、展示、在线交易，并通过物流配送将产品投放到最终消费群体。自营平台型跨境电商能够提供强有力的品质和售后保障，加强了电商对商品来源、商品质量、商品供应及物流配送的管控能力。

自营平台型跨境电商主要有制造企业自营跨境电商和囤货两种模式。制造企业自营跨境电商的主要特点是企业对销售的产品进行过加工或装配，有构建材料和使用人工进行生产装配的过程，容易产生品牌效应，质量更有保证。而囤货模式是自营平台型跨境电商自建仓储和物流，更适合大型企业或总部位于人才较为集中的大型城市的企业。国内囤货模式的自营平台型跨境电商中，京东商城是较有代表性且具有借鉴意义的一家。京东商城选用“自营＋平台”的方式，自建仓储和物流，商品以综合品类、3C 产品和大家电为主。

二、跨境电子商务企业运营部门的职责与人才配置

（一）跨境电商设计专员职责细分

1. 跨境电商网页设计

跨境电商网页设计主要包括页面设计及其优化、产品拍照管理和图片优化、产品上架及其优化等。

第一，页面设计及其优化。包括把握店铺设计的流行趋势，负责店铺首页的设计、装修和维护，负责网站各模块的视觉实际展现及前端效果呈现，负责店铺促销期间的设计、排版及促销宣传页面的设计、排版，制定店铺设计规范、页面制作等相关标准和流程，强化店铺内容的互动性，等等。

第二，产品拍照管理和图片优化。主要包括根据产品及需求协助制定拍摄方案，对销量、客户反馈等数据进行分析，制定产品拍照和图片优化方案，配合进行后期处理。

第三，产品上架及其优化。包括深入了解产品属性和特质，负责产品上架所需详情页的制作，分析客户需求和搜索习惯，关注店铺及产品实时排名。

2. 跨境电商平面设计

第一，视觉设计及美化。根据公司的市场需求，制定视觉营销设计方案，反映公司创意管理，根据店铺设计的流行趋势，负责店铺页面的视觉设计和视觉美化工作。协助

完成店铺管理与栏目的发展规划，促进网站知名度的提高。

第二，图片管理及优化。对产品进行归类和管理，创建店铺的图片库，负责产品图片与实物的色彩构图等。对销量、客户反馈等数据进行分析，制定产品图片的优化方案，并根据方案进行产品图片的优化。

第三，协助各个部门处理工作中遇到的产品图片问题。

3. 跨境电商摄影师

第一，产品拍照及摄像。根据产品需求制定拍摄方案，根据拍摄任务制定拍摄安排，同时选择合适的拍摄设备和有利于用户观看的呈现方式等。

第二，照片后期处理。对照片进行筛选，同时进行命名、编辑；对照片进行调整、后期修图工作，将处理好的照片上传至系统。

第三，场景图拍摄。根据店铺风格及销售要求，与设计师共同完成室内外场景图的拍摄。

（二）跨境电商运营人员职责细分

1. 跨境电商运营专员

第一，市场调查及分析。为产品找出卖点。

第二，跨境店铺基础建设。执行上级对店铺和官方网站的规划，选择关键词、确定标题等。

第三，运营日常管理。执行运营推广计划，对运营数据进行整理分析，根据运营推广效果不断优化。

第四，持续关注平台资讯与运营最新知识，及时调整方案，完成上级安排的其他事项。

2. 跨境电商文案策划人员

第一，文案策划和编写。负责产品说明书、招聘材料、广告策划案等的策划与撰写，根据产品特点编写产品详情页文案，负责网站、微信、微博各模块内容的建设和日常维护工作。

第二，参与营销活动策划。配合活动策划组完成类目专题促销活动策划，跟进相关数据，对目标达成情况进行分析。协助开展并跟进大型营销活动，负责制定整理项目进度表，参与专题的选题发布与交流工作。

第三，信息审核。对网友爆料信息进行审核、判断，收集整理客户信息、客户产品信息，对采集的信息进行审核、编辑及发布。

第四，资料翻译。对中文信息进行英文翻译。

3. 跨境电商网络推广人员

第一，营销策划和计划的制订、监控，分析行业动态和竞争对手市场行为。

第二，网店流量推广。评估并分析网店和产品的关键词，提升关键词的搜索排名，负责网店外部链接的维护、建设和推广。

第三，营销活动策划。通过社会网络媒体做推广，运营策划活动，发布原创信息，提升公司品牌影响力。

第四，推广效果分析。跟进和监控市场动态，不断调整和完善公司的产品策略、市场营销策略与方案。

4. 跨境电商 SEO 人员

第一，针对各大搜索引擎的全站优化工作，制定并执行优化方案，达到目标营销效果。

第二，对网站各项数据进行监控、分析和优化，根据项目制定的核心关键词，及时提出合理的网站调整建议。

第三，以搜索引擎优化为主的网络营销研究分析。监测各大网站的收录和排名规则，分析竞争对手排名靠前的原因，提供分析报告。

第四，根据海外市场的战略需要，策划并组织执行海外在线营销推广活动。

第五，网站代码优化和工具使用。熟练使用网站测试工具等。

5. 跨境电商数据分析人员

第一，业务数据表体系搭建。建立和完善数据采集等工作，进行数据整理、归纳、分析和总结，对品牌所有广告投入的数据进行分析等。

第二，提供与各类业务相关的分析及建议，为公司运营决策、产品方向、销售策略等提供数据支持及改善建议，对产品的长期发展战略提出建设性建议。

第三，效果跟踪和评估。负责运营数据的监控和跟踪分析，并对异常波动情况进行定位和深入分析，提出营销改进方案。

第四，协助业务部门处理其他各类数据。

（三）跨境电商外贸专员职责细分

1. 跨境电商跟单业务员

第一，操作跨境电子商务平台，依照客户订单要求核对产品备注和反馈信息，跟踪订单的生产进度，安排订单出厂事宜，并跟踪货款回收。

第二，及时回复询盘信息并跟进处理，跟踪维护新老客户资源，及时处理客户投诉或退货。

第三，业务相关资料的整理和归档。

2. 跨境电商客服

回复和处理来自全球的客户的咨询，处理客户纠纷，同时进行相应的订单处理。针对每个客户进行跟踪服务与工作统计，每月制定销售明细报表，同时挖掘客户需求，协助优化产品，配合其他部门工作。

（四）跨境电商供应链管理专员职责细分

1. 跨境电商采购专员（进口）

负责公司采购工作，进行询比价等工作。收集、整理、分析商品信息，进行相关市场调查并开展采购，对入库产品进行记录、检验和报告，调查工厂情况，进行业务洽谈等。与供应商建立良好的关系，控制商品库存，进行数量统计和汇总，保证库房货品实物与系统数量相符。同时协助其他部门妥善解决采购过程中出现的问题。

2. 跨境电商采购专员（出口）

进行市场分析，通过实地调研，汇总各季度采购计划，掌握市场行情，创建产品信息资料。按照采购计划，在保证质量的前提下合理降低采购成本，负责采购合同的拟订等。联系供应商，优化供应商组合，建立稳定的采购渠道并寻找充足的货源。加强与供应商的沟通与联络，处理异常退换货，确保公司利益。

3. 跨境电商物流专员

负责跨境运输等相关业务的操作，负责跨境电商物流平台业务对接订单的操作，监控、评估、优化、开发物流渠道，进行业务逻辑分析，定期分析各物流渠道的时效等，对供应商的运营质量进行管理与定期评估。

4. 报关员

第一，单证制作。负责进出口货品的报关、查验及各种单证的审核和制作，及时对报关数据、支出费用进行统计汇总。根据规定准备提货单，为需要进行商检的货物准备商检单据，确保各类单据的准确性和完整性。

第二，负责协调海关商检部门，及时解决异常情况。协助海关办理进出口货物的验收结关等事宜，及时收集通报海关商检局公布的政策等。

三、跨境电子商务代运营

（一）跨境电商代运营的概念

跨境电商代运营是第三方服务商为满足跨境电子商务企业运营的需求开展的一种商

业服务。专业第三方服务商以合同的方式接受跨境电商企业的委托，根据企业拓展线上业务的需求，提供以营销推广为核心，包含电子商务平台网站建设、技术维护、物流、经营推广、客户联络和售后服务等跨境电商业务全流程或者部分环节的代运营服务。

跨境电商代运营是从接包方，即提供跨境电商运营服务的企业的角度进行的概念界定，而跨境电商外包是从发包企业的角度，即跨境电商运营服务需求企业的角度进行的概念界定。

各个跨境电商代运营企业的服务内容因定位和行业不同而差别较大。通常，狭义的跨境电商代运营仅指电子商务前端的店铺运营，以获得订单、完成销售为主要目标。广义的跨境电商代运营的服务内容主要包括电子商务战略咨询、电子商务渠道规划、电子商务平台设计与建设、电子商务网站推广、电子商务营销策划、电子商务培训辅导，也包括数据分析、客户关系管理、商品管理、企业网络营销策划等方面。跨境电商代运营可以帮助企业有效降低成本，获得更专业的服务，提高工作效率，满足企业通过实施电子商务战略、更好地拓展国外市场的需求。

（二）跨境电商代运营业务环节

跨境电商业务可分为产品筛选和设计、网站构思设计及平台选择、营销推广、售前服务、在线收付、订单处理、运输配送、报关、售后客服、结汇退税等环节。传统企业通常将其中的部分或全部环节外包给第三方服务商进行代运营，其中最核心的环节是营销推广，即争取客户并尽可能获取更多订单，常常也是第三方服务商承担的最主要部分。

1. 产品筛选和设计

传统企业面向国外的消费者时，由于缺乏对国外市场的了解，无从得知自己销售的商品在国外市场上是否具有足够的竞争力。调查显示，消费者进行跨境电子商务购买的主要动机是价格及商品的独特性。代运营商根据目标市场的情况，代替传统企业筛选相应的具有价格竞争力且与目标市场现有销售商品有显著差异的商品。

2. 网站构思设计及平台选择

跨境电商在经营过程中，需要根据目标消费者的特点进行产品页面的设计，以更强的亲和力获得消费者认可。此外，如果要进驻电子商务平台，还要结合当地消费者的网络消费习惯，选择适合、优质的电子商务平台，从而更便利地获取境外消费者的流量。

3. 营销推广

运营的核心是获得更多订单、提高销售额，这往往是评价代运营绩效的最关键指标。境外消费者对跨境电商经营者及其销售的商品更容易产生不信任，导致跨境电商经营者在起步阶段面临更大的阻力。代运营商基于专业的知识与技能，采用各种网络营销手段，让商品尽快得到境外消费者认可。

4. 售前服务

售前服务质量对销售量有着显著的影响。在跨境电商销售过程中，经营者与境外消费者之间往往存在语言障碍。尽管大部分跨境电商经营者都配备了掌握相应外语的客服人员，但在线交流、言语应用、回答技巧等方面的经验可能不足。

5. 在线收付

现有的支付平台（如支付宝）已经能够满足电子商务，包括跨境 B2C 出口的支付需要，但是跨境电商交易基本仍限于 B2C 或者小额 B2B 交易。跨境支付结算和物流仍然是制约跨境 B2B 交易模式的最大问题，金额较大的进出口贸易仍采用线下交易方式。

6. 订单处理

跨境电商代运营商根据境外消费者的订单进行拣货和包装，将商品快速送至运输方或指定的集货点进行包装，保证商品入库过程中的安全，尽可能减少不必要的重量。

7. 运输配送

运输配送的时间和成本是跨境电商面临的另一大挑战。代运营商需要根据商品的特点、消费者的需求及自身的发展，选择适合的物流运输模式，避免消费者在时间或成本方面产生不满。另外，由于交货环节的服务水平影响着消费者的购物体验和满意度，在境外配送方式的选择上也需要十分慎重。

8. 报关

跨境电商代运营商亲自或委托第三方向海关进行报关，代运营商或其代理者按程序办理相对应的进出口申报，配合查验、缴纳税费、装运货物等手续。这一环节的效率严重影响着订单的交付速度，甚至可能因工作失误导致不必要的耽搁。

9. 售后客服

在货物交付后，跨境电商代运营商还需要根据跟踪消费者的收货及商品使用情况。售后客服很重要的一项工作就是处理境外消费者的退货。做好退货的款项结算及货物处理也是影响跨境电商长远发展即盈利的关键因素。

10. 结汇退税

跨境电商代运营商在货物出口后，在不迟于预计收汇日期起 30 天内，将出口收汇核销单、报关单等相关核销凭证送到国家外汇管理局进行出口收汇核销单核销，核销后即可到税务局办理退税手续。

（三）跨境电商代运营种类

跨境电商代运营企业可分为两大类。第一类公司主要负责推广、销售、运营等核心业务，以海外市场前沿资讯为基础，协助企业有针对性地推广核心产品，尽可能获得更多订单，专注于自己最擅长的领域。第二类公司为用户提供全程服务，从 ERP 到仓储物流都是自己构建。

（四）跨境电商代运营收费方式

1. 服务费模式

在这种模式下，企业只需定期向代运营交一笔服务费，就可享受其提供的一系列代运营服务。这笔服务费通常按月或按年计算。针对海量的中小型 B2B 外贸企业，代运营企业往往采取这种收费方式，提供海外市场研究、海外营销平台建设、营销推广及运营维护支持四大模块的单模块或者组合营销服务，带来高质量的、直接指向性的询盘，直接面向国外的消费者或者批发商，收回定价权，提高企业的议价能力。

2. "服务费 + 销售额提成"模式

采用这种收费模式的跨境电商代运营商除向企业收取定额的基础服务费外，还根据企业的销售额收取提成。通过提供从早期的海外市场调查到品牌建设等一整套网络营销个性化服务，长期服务客户，与客户一起成长，能够大大增加服务客户的深度和客户黏性。

3. "定金 + 服务费 + 销售额提成"模式

这种收费模式分为三个部分。第一部分是一定比例的定金，定金金额参照客户 1~2 个月的服务费而定。该定金会形成代运营商的现金流。第二部分是服务费。这是代运营商最基本和核心的收费项目，根据客户不同的情况进行收取。第三部分是销售额提成。代运营商帮助客户实现一定销量后，会基于销售额来抽取一定比例的提成，这个比例通常根据行业的毛利率来设定。

本章重点

跨境电商选品时需提前了解产品结构的信息，以便能够选择试销对路的产品。在选品时还需注意法律问题、市场因素、侵权问题等，并在此基础上选择相应的选品策略。选品策略主要包括基于细分市场的选品策略、基于长尾理论的选品策略、"跟风"选品策略等。

流量是跨境电商生存的根本，分析运营、客户、营销三类比较重要的数据类型，对于跨境电商企业设置引流策略至关重要。应该在进行各类数据分析的基础上，在提高访问量、转化率、复购率以及投资回报率方面采取具体措施。

物流问题是跨境电商的核心问题。随着跨境电商的发展，消费者对跨境电商物流水平的要求不断提升，节约物流成本、提高物流效率是跨境电商企业在激烈竞争中制胜的关键。

跨境电商企业大多从企业外部获取对自身发展有利的资金，跨境电商融资方式包括平台贸易融资、债务融资和股权融资三种类型。

跨境电商代运营是指第三方服务商为跨境电商企业提供的，以营销推广为核心，包含电子商务、平台网站建设、技术维护、物流经营推广、客户联络和服务、售后服务等跨境电商全流程或者部分环节的代运营服务。

课后习题

一、选择题

1. 长尾理论的基本原理是（　）。

A. 大市场由小市场融合而成

B. 两个小市场可以汇集成中型市场

C. 众多小市场可以汇集成与大市场相匹敌的市场能量

D. 众多小市场不可能汇集成与大市场相匹敌的市场能量

2. 邮件营销的效果可以用（　）等指标衡量。

A. 打开率　B. 点击率　C. 顾客忠诚度　D. 转化率

3. 下列哪些是跨境电商选品的原则？（　）

A. 根据不同的跨境电商平台特点进行选品

B. 判断目标市场用户需求及流行趋势

C. 判断货源优势

D. 产品的质量和价格

4. 海外仓的功能不包括（　　）。

A. 代收货款　B. 保税功能　C. 拆包拼装　D. 快件清关

5. 下列哪个平台不属于“自营 + 商家入驻”模式？（　　）

A. 淘宝　B. 苏宁　C. 京东　D. 拼多多

二、判断题

1. 跨境电子商务的产品选择，应该遵从知识产权保护原则，选择不侵权产品进行销售。（　　）

2. 企业采用的运营手段，最终都要落脚于流量、转化率、复购率和点击率等能带来效益的指标上。（　　）

3. 跨境电商中，物流成本不只关系到商品的周转率，也能影响到产品的价格。（　　）

4. 跨境电子商务仓储模式按进出口方向分为出口仓储模式和进口仓储模式。（　　）

5. 通过电子支付平台，境内外电商的银行账户可以直接发生跨境资金流动。（　　）

三、简答题

1. 试分析跨境电商企业在选择产品时应该注意的问题。

2. 列举三种常见的跨境电商企业选品策略，并分析不同策略的典型特征。

3. 阐述跨境电商企业重视数据和数据分析的原因。

4. 试分析跨境电商企业的运营目标以及实现这些目标的途径。

5. 解释边境仓和海外仓的概念，并分析两种模式的异同。

6. 解释跨境电商企业融资的必要性和重要性。

7. 分析跨境电商在融资过程中的困境。

8. 解释跨境电商的融资方式，列举几种融资方式并进行比较。

9. 对比跨境电商融资和传统企业融资的差异。

10. 试分析跨境电商企业的运营结构。

11. 分析第三方平台型跨境电商和自营型跨境电商的内涵并比较其运营结构。

参考文献

[1] 崔岩，李清华 . 我国中小企业在跨境电商中面临的跨境物流困境与对策 [J]. 商场现代化，2020.

[2] 杜恩光 . YTEC 公司库存管理改善研究 [D]. 济南：山东大学，2019.

[3] 方美琪，潘勇 . 网络营销 [M]. 2 版 . 北京：清华大学出版社，2013.

[4] 冯英健 . 网络营销基础与实践 [M]. 4 版 . 北京：清华大学出版社，2013.

[5] 郝延威 . 跨境电商保税物流运营模式探索 [J]. 物流科技，2016.

[6] 梁汉坤 . 促动漫授权成玩具市场新增长极 [J]. 中外玩具制造，2015.

[7] 廖蓁，王明宇 . 跨境电商现状分析及趋势探讨 [J]. 电子商务，2014（2）：9–10.

[8] 凌守兴，王利锋 . 网络营销实务 [M]. 2 版 . 北京：北京大学出版社，2011.

[9] 刘莎 . 网络百科信息组织模式的调查 [J]. 图书馆理论与实践，2012.

[10] 刘颖 . 全生命周期视角看成本分析 [J]. 石油石化物资采购，2014.

[11] 刘钊成 . 印度跨境电子商务的发展与中国企业的机遇 [J]. 对外经贸实务，2016.

[12] 柳燕君 . 平台型电子商务企业定价策略研究 [D]. 沈阳：东北大学，2015.

[13] 罗娟娟，许仲生 . 我国出口跨境 B2C 电子商务代运营发展研究 [J]. 湖南工业大学学报，2015.

[14] 邱智锋 .TD 公司跨境电商海外仓储物流模式开发研究 [D]. 石家庄：石家庄铁道大学，2016.

[15] 汪旭晖，李璐琳 . 新常态下跨境电商的商业模式创新与政策体系设计 [J]. 当代经济管理，2018.

[16] 王晓燕 . 电子商务平台信用融资模式研究 [D]. 成都：西南财经大学，2013.

[17] 吴方 . 电商引领老字号企业营销模式创新研究 [J]. 广西经济管理干部学院学报，2016.

[18] 俞盛楠，王誉蒙，梅燕 . 中国小额跨境电子商务模式比较分析 . [J]. 经济研究导刊，2015.

[19] 张冲，葛炬 . 跨境电商系统特点及其对物流的需求探讨 [J]. 物流技术，2015，34（18）：69–71.

[20] 张婧.《2015—2016 年中国出口跨境电子商务发展报告》发布 [J]. 计算机与网络，2016.

[21] 张亚明，杨晶晶. 跨境电子商务物流对策研究 [J]. 现代商业，2016.

[22] 郑俊儒. 互联网对工业创新绩效的影响 [D]. 南京：南京大学，2020.

[23] 周树月. 碳限额与交易机制下的材料采购决策问题研究 [D]. 天津：河北工业大学，2017.

[24] 做跨境电商出口，你必须要了解的——海外仓功能 [J]. 互联网资源，2021（7）.

第五章
跨境电子商务法规环境

本章概要

本章共分为两节，分别对跨境电子商务的海关监管和政策、跨境电子商务法律与政策两个方面进行介绍。首先分析国外对跨境电商的海关监管，主要分析与海关监管关系比较密切的海关通关监管制度及关税征收标准，分析了中国对跨境电商的海关监管与相关政策。接着分析跨境电子商务法律与规则体系，分别阐述跨境电子商务的征税、网上争议解决、消费者权益保护、网络安全、个人数据保护与隐私规则以及双边自贸协定中的跨境电子商务政策等问题。

学习目标

了解国外对跨境电商的海关监管；了解中国对跨境电商的海关监管与政策。

掌握跨境电子商务法律与规则体系的主要内容；了解跨境电子商务的征税、网上争议解决、消费者权益保护、网络安全、个人数据保护与隐私规则、双边自贸协定中的跨境电子商务政策、跨境电子商务法律法规的国际协调、跨境电子商务的法律管辖权问题。

第一节　跨境电子商务的海关监管和政策

一、国外对跨境电商的海关监管

（一）海关通关监管制度

海关通关监管是指海关按照法律对进出境工具、货物、物品和进出境活动所实施的行政管理。为保证进出境活动顺利进行，同时维护国家主权和利益，各国都会制定较详细的海关通关监管制度。通关监管方式包括备案、查验、放行、后续管理等，还包括执行或监督执行国家对外贸易管理制度的实施。跨境电商如果违反海关通关监管制度可能会被海关扣货，引起商业纠纷，造成企业钱货两空。

为防止发出的货物被海关扣押，跨境电商企业应严格遵守本国和贸易国的禁止与限制寄递物品规定，选择较安全的物流方式，真实申报邮寄包裹的价值，按照规范填写国际货运单。

（二）关税征收标准

关税是一国财政收入的重要来源，也是国家对进出口贸易进行管理的有力手段。对于跨境电商而言，关税构成了实际成本的重要部分，了解本国和贸易国的关税制度对企业开展外贸业务以及合理避税都具有重要意义。一国在制定关税制度时，通常会对课税对象的价值设置起征点。这既是为了提高工作效率，避免为小额税款履行繁杂的征纳税手续，也是对纳税义务人的一种关税优惠。跨境电商企业可以利用关税起征点，对货物进行适当拆分，达到合理避税的目的。

贸易国海关参考课税对象的类型、原产国、货值等多种因素，根据贸易国相关规定对课税对象进行征税。因此，跨境电商企业要了解出口货物应缴纳的税率、本国与贸易国之间是否有关税优惠政策、本国与贸易国综合关税的构成等。

二、中国对跨境电商的海关监管与政策

我国高度重视对跨境电商市场的引导和监管，相关的海关监管方式和关税制度不断完善，并且公布跨境电商零售进口商品清单，促进跨境电商规范化、阳光化发展。

（一）海关监管方式

进出口货物海关监管方式以进出口货物为基础，综合海关对进出口货物的征税统计及监管条件，最后设定出海关对进出口货物的管理方式。为适应跨境电子商务在国内的快速发展，中国海关相继增列海关监管方式代码“9610”（全称“跨境贸易电子商务”，简称“电子商务”）、“1210”（全称“保税跨境贸易电子商务”，简称“保税电商”）。

“9610”发布之前，中国跨境电商缺乏有针对性的监管方式，灰色通关造成了国家税收流失，国内出口货物也无法正常退税。同时，电商物流成本居高不下，严重影响了中国跨境电商的正常发展和国际竞争力。“9610”针对跨境电商产品种类多、发货零散且频次高的特点，采用了“清单核放、汇总申报”的模式办理通关手续，企业可以每

21天进行一次申报，既节约了企业的报关成本，也提高了海关的工作效率。

“1210”的特点是先通过海关发货到保税仓，之后将订单商品储存在保税区仓库。消费者订购的商品可快速通关，并且通过国内物流运送到消费者手中，极大地提高了物流速度，优化了消费者的购物体验。这在一定程度上解决了传统通关模式下海关监管的痛点，提高了监管的效率，也有利于跨境电商企业的阳光化、规范化发展。

（二）跨境电商零售进口商品清单

2016年4月，财政部等13个部门共同公布了两批《跨境电子商务零售进口商品清单》，共包括1240项商品。能够以快件或邮件等方式进境的生活消费品、清单内的商品，按照国家相关法律法规的规定进行检验检疫监督管理，直购商品无须验核通关单，网购保税商品一线进区时需按货物验核通关单，二线出区时免于验核通关单。

（三）关税制度

1. 行邮税

行邮税是行李和邮寄物品进口税的简称，通常指海关对入境旅客的行李、物品和个人邮递物品征收的进口税。

《中华人民共和国进出口关税条例》第56条规定，入境相关物品的关税以及进口海关代税统称为进口税，该税种由海关依法征收。行邮税大多采用从价方式计征，进口商品的完税价格以该货物的成交价格为基础经审查确定，成交价格不能确定时完税价格由海关依法规定。

2. 综合税

跨境电子商务零售进口综合税自2016年4月8日起实施。对通过跨境电商零售进口的商品，按照货物来征收进口关税和进口环节产生的增值税和消费税。2016年财政部《关于跨境电子商务零售进口税收政策的通知》规定，纳税义务人指的是电子商务零售个人，其实际交易价格作为完税价格，代收代缴义务人为电子商务交易平台和物流企业。

第二节　跨境电子商务法律与规则体系

一、跨境电子商务征税

对跨境电子商务来说，税收征管与税收监管是不同的税收管辖主体，征收的税种除了国内电子商务的税种，还有进出口环节的关税和其他税种。目前我国还没有专门的电子商务税收法律规则，一些学者认为我国电子商务征税领域存在一定的空白。

电子商务作为销售行为，在我国税收制度下，应依法征收增值税、消费税和营业税。我国的增值税体系分为两类，分别是个体工商户和其他个人。对于个体网络销售商而言，《中华人民共和国增值税暂行条例实施细则》规定，增值税起征点：销售货物的，为月销售额5000~20000元；按次纳税的，为每次（日）销售额300~500元。在电子商务活动中，涉及消费税的应税消费品和涉及营业税的应税劳务，也应依法征收消费税和营业税。

跨境电子商务属于国际贸易。对于海关征税而言，电子商务中进出口商品的价格设定、商品归类、进口货物保税等方面的基本规定，与传统方式进出口的规定基本一致。

二、跨境电子商务网上争议解决

（一）网上争议解决概况

跨境电商的特殊性，使跨境电商的争议解决方式与传统交易存在很大差别，特别是小额交易的争议难以用传统的争议解决方式处理，建立公平、合理、公正的跨境电商争议解决体制是必要的。

网上争议解决是指网络上存在的所有非法庭但公正的第三方，基于电子商务契约，解决企业与消费者之间产生争议的所有方式。程序的在线性、信息的精密性、规则的灵活性、协议的非强制性为该方式的主要特征。同时，网上争议解决还具有以下特征：不排除法院的实体审查、不排除当事人起诉的权利、传统仲裁解决和法院判决优先。网上争议解决可以通过在线谈判、在线调解、在线仲裁、在线消费者投诉处理和在线诉讼等多种方式进行。主要有两种模式，一是在线和解与在线调解的计算机自动化处理模式，二是在线仲裁的“网络技术 + 中立第三方”模式。第一种模式是跨境电商销售网站一般都会采用的方式，争议双方在不知对方报价的情况下各自报价，大大缩短了解决争议的时间，有效降低了解决争议的成本。第二种模式是利用现代化的网络传输技术，建立起模拟的调解场景，除了自动化处理方式，还需要中立第三方如调解员进行引导和协调，促成争议的有效解决。

但网上争议解决仍存在很多局限。对大多数不能自动解决的争议，则需要考虑跨境电商进出口双方国家的法律法规和法律管辖，而各国对网上争议解决的规定也存在区别，为网上争议解决带来更多的困难。《中华人民共和国涉外民事关系法律适用法》规定，当事人可以协议选择合同适用的法律，若没有选择则使用履行义务最能体现该合同特征的一方当事人经常居住地法律或者其他与该合同有最密切联系的法律。对于涉外电子合同的法律适用，在规定相关限制的同时，我国依然采取了合同自体法原则。由于人们对虚拟环境的不信任，以及网上争议解决程序弹性太大等，在世界范围内，仅有很少的网上争议解决网站的裁决具有司法强制执行力，远不能满足跨境电商的发展需求。

（二）最新进展

1.《承认及执行外国仲裁裁决公约》

《承认及执行外国仲裁裁决公约》（也称《纽约公约》）于 1958 年 6 月 10 日在纽约召开的联合国国际商业仲裁会议上签署。该公约处理的是外国仲裁裁决的承认和仲裁条款的执行问题。中国政府于 1987 年 1 月 22 日递交加入书，该公约于 1987 年 4 月 22 日对我国生效。联合国国际贸易法委员会于 2011 年明确提出要努力推动《纽约公约》关于执行网上仲裁协定的协定书的订立，希望促成《纽约公约》框架下对网上仲裁协议的认可，也把书面形式作为承认和执行外国仲裁解决的要件。2021 年 11 月 11 日，伊拉克正式加入《纽约公约》，成为第 169 个缔约国，意味着仲裁裁决可以在 169 个国家得到承认与执行。

2.《跨境电子商务交易网上争议解决程序规则（草案）》

为了建立快捷、简易的跨境电商交易网上争议的解决渠道，联合国国际贸易法委员会第三十三届会议（2000 年 6 月 12 日至 7 月 7 日，纽约）就将网上争议解决列入其今后工作方案的建议交换了初步看法。委员会第四十三届会议（2010 年 6 月 21 日至 7 月 9 日，纽约）经讨论后一致认为应设立一个工作组，在与跨境电子商务交易，包括企业对企业以及企业对消费者交易有关的网上争议解决领域开展工作。在工作组第三十二届会议（2015 年 11 月 30 日至 12 月 4 日，维也纳）上，工作组以该届会议上提出若干建议为基础讨论了一项成果文件草案。由于关于成果文件具体部分或条文的若干建议仍需进行讨论，会议同意将审议延后到下届会议，并在下届会议上最后审定成果文件草案。2000—2016 年，历经十多年的时间，通过了《跨境电子商务交易网上争议解决程序规则（草案）》。该程序规则的制定是为了解决跨境电子商务交易中价值低、数量大的交易的争议解决，所以当事双方在选择使用该程序规则时必须符合价值低、数量大的特点。

三、跨境电子商务中的消费者权益保护

我国已经进入消费需求持续增加、消费结构升级、消费拉动经济作用明显增强的发展阶段。新消费的主要内容是传统消费提质升级、新兴消费蓬勃兴起，同时催生了相关

产业。科技创新和基础设施建设带来了新的投资和供给，我国电子商务消费市场具有无限的发展潜力。

电子商务在带来便捷的同时，仍然存在消费纠纷及风险。由于网络具有虚拟性、隐匿性等特点，跨境电子交易又具有无国界性，挑战了消费者安全和权益保障，增加了消费者利益受损的风险。例如，境内交易中能够顺利进行的“七天无理由退换货”在跨境交易中难以实现，极大地影响了消费者的购物体验。因此，消费者权益保护问题是跨境电子商务亟待解决的问题之一。

（一）网络消费者拥有的权利

在现实生活中，消费者享有知情权、人格尊严权等一系列权利，受到法律认可和保护。网络消费者拥有的权利主要包括以下几个方面。

1. 知情权

《中华人民共和国消费者权益保护法》规定：“消费者享有知悉其购买、使用的商品或者接受的服务的真实情况的权利。消费者有权根据商品或者服务的不同情况，要求经营者提供商品的价格、产地、生产者、用途、性能、规格、等级、主要成分、生产日期、有效期限、检验合格证明、使用方法说明书、售后服务，或者服务的内容、规格、费用等有关情况。”

知情权在传统交易方式中更容易实现。在传统交易方式中，消费者可以直接面对经营者并了解其提供的服务和商品的效用。然而在电子商务交易中，由于消费者通过网上宣传了解商品信息、订货、结算，最后物流公司直接送货上门，在收到货物之前不能实地看到和感受产品，仅仅根据经营者提供的信息进行判断和选择。因此，在电子商务交易中，消费者的知情权更加重要，经营者负有提供真实信息的义务。

2. 人身安全权

消费者的人身安全权是指消费者在网上购买的商品不会对自己的生命和健康构成威胁的权利。传统商务模式下，消费者的人身安全权是指经营者必须保证所提供的商品或服务不存在危及人身及财产安全的缺陷，对可能存在危险的商品进行说明和警告，并介绍正确使用产品或接受服务的方法。网络商店中，产品种类愈加多元化，消费者选购的范围就越来越大，这就要求网络经营者对产品的安全性有足够的保证。

与传统消费者享受的权利一样，网络消费者有获得质量合格产品的权利。质量不合格的产品会给消费者带来损失，会侵害消费者的人身安全权。例如，网上购买的商品变质或过期，就会损害消费者的人身健康；网上购买的电器缺乏质量保障，就会存在人身安全隐患。

3. 财产安全权

消费者的财产安全权指的是消费者的财产不受侵害的权利。通过线上电子支付平台进行支付存在一定的风险，对消费者的财产安全具有一定的威胁。互联网本身是一个开放的平台，开放系统的信息很容易成为“黑客”攻击的目标。这就导致很多用户不放心将自己的银行账户信息上传到网络，这也制约了网上银行业务的发展。

交易安全问题是电子商务交易过程中的基础问题。传统的商务方法已经无法保障交易安全，目前也很难实现以法律来保障消费者电子支付过程中的财产安全权，因此，目前主要是从技术层面来保障消费者的信息安全，并且电子支付平台要承担信息泄露的赔偿责任。

4. 网上隐私权

网上隐私权是指公民在网上享有私人信息依法受到保护，个人隐私不被他人非法侵犯、知悉、搜集、利用和公开的人格权。隐私权保护是电子商务交易中的重点问题，关系到消费者的信息安全等权益。经营者不得在网上泄露顾客的个人信息，也不得整理、利用个人信息。

5. 公平交易权

《中华人民共和国消费者权益保护法》第10条规定：“消费者享有公平交易的权利。消费者在购买商品或者接受服务时，有权获得质量保障、价格合理、计量正确等公平交易条件，有权拒绝经营者的强制交易行为。”从消费活动的整个流程来看，消费者购买商品或接受服务时，往往因为信息不对称等因素而处于弱势，因此更需要突出强调公平交易权，从法律上给予特别保护。

6. 索赔权

当消费者享有的法定权利被侵犯时，就会派生出索赔权，又称损害赔偿权，是法律赋予消费者的在利益受损时享有的一种救济权。

网上发生纠纷时，需坚持举证责任倒置的原则，由经营者承担举证责任。建立一个全国性的网上投诉中心，可以减轻消费者的负担，降低投诉成本。消费者在此基础上可以有效地维护自己的合法权益，在受到欺骗后投诉不良商家，相关部门在接到投诉后及时调查取证，并将处理的结果反馈给消费者，从而维护消费者的合法权益。

7. 自由退换货的权利

消费者能否自由退换货涉及其与经营者之间权利和义务的平衡问题。《中华人民共和国消费者权益保护法》将“在线下载或者消费者拆封的音像制品、计算机软件等数字化商品”作为无理由退货制度的一个例外。一方面，数字化商品通过线上传递的方式交易，消费者在购买这些商品前都有机会去浏览其内容或使用试用版本；另一方面，消费者在线上购买数字化产品后提出退货，经营者无法保证消费者是否保留复制品，对经营者具有一定的风险。

8. 选择权

网购过程中，网站一般都定有格式条款，内容由商家提前拟好，消费者只需点击“同意”或者“不同意”的按钮，削弱了消费者的选择权。

经营者为了开展更多的业务，往往会与多个网站建立友好链接。这本来是为了便利消费者，但是一些经营商却将这种友好链接设定为强制链接，侵犯了消费者的自由选择权。

（二）网络消费者权益保护的基本原则

1. 同等水平保护原则

电子商务销售模式虽然与传统商务模式存在差别，但是都应当遵循同等水平保护原则。消费者在网络交易中获得的保护，应该与在传统交易领域中所获得的保护一致。所有消费者拥有的权利是一致的，在电子商务中，消费者权利遭受侵害时国家提供的保护也是一致的。

2000 年，欧盟对同等水平保护原则予以确认，规定同等水平保护原则是不低于欧盟各项立法所确定的关于公共健康和消费者权益的保护水平。

2. 特别保护原则

特别保护原则是指国家对在经济上处于弱势地位的消费者国家给予特别保护。对消费者来说，商品和服务的交易条件是由经营者决定的，消费者只是被动地处于接受的地位，而无讨价还价、参与合同制定的权利，合同双方不具有平等地位。

与传统消费环境不同，电子交易过程中，消费者的合法权益很容易受到侵害，更应该得到保障。

3. 辅助保护原则

网络消费的特殊性决定了在网购过程中，纯粹的法律保护并不能充分保障消费者权益，还要采取法律保护之外的、综合的辅助保护模式，强化社会公益团体以及相关消费者组织联盟的作用，形成政府监管、行业自律与消费者自我保护相结合的三位一体的保护体系，可以极大地促进电子商务的发展，同时更好地保护网络消费者的权益。

同时，消费者要强化自我保护意识，理性消费，理性维权。消费者的自我保护包括自我控制和自我选择。自我控制是指消费者在加强网络技术知识积累的基础上，运用网络软件等清理网络环境，以确保个人隐私的安全。自我选择指消费者应该充分了解经营者的经营策略，及时分辨经营陷阱，免受欺诈；在产生纠纷时理性维权，妥善处理纠纷，达到预定的目的。

（三）跨境电子商务中消费者权益保护存在的问题

1. 网络消费欺诈

网络消费欺诈是经营者以非法占有为目的，在网络上实施的，利用虚构商品和服务信息或者其他不正当手段，骗取消费者财物的行为。消费者在网上很难辨别经营者的身份信息，无法准确识别信息披露不全或虚构身份的经营者的真实身份。

2. 网络虚假广告

网络虚假广告是指销售者本着销售商品或提供服务的目的，发布的关于其商品的不实信息。例如，夸大商品功效、标注虚假价格、作出虚假服务承诺等。消费者购买商品的重要参考就是网络广告。消费者难以判别信息的可靠程度，其知情权和公平交易权就很难实现。

3. 网络支付安全风险

网络交易不是即时交易，消费者一般通过信用卡等其他网络支付方式进行支付，卖家在收到款项后发货或提供服务。网络的开放性增加了支付的风险程度，跨境电子商务消费者可能会遇到支付信息被泄露给第三者、支付系统被非法入侵或被病毒攻击等风险。

4. 消费者损害赔偿权难以实现

由于网络的特殊性以及电子商务相关法律的缺失，电子商务经营者和消费者之间容易产生纠纷。如果不了解网上商店经营者的信息，消费者很难进行申诉。同时，电子交易过程中，由于举证困难、诉讼成本高、法院的管辖权不确定，消费者可能会放弃申诉。网络与电子商务发展迅速，在保障网络交易发展的同时保障消费者的合法权益，成为立法面临的新问题。

5. 买卖双方地位不对等

网上交易过程中，电子商务经营者往往为追求便捷、省时，为消费者提供格式化合同，其中的交易条款和服务条款都是经营者事先拟定好的，而事先拟定好的条款可能并不利于消费者。不公平条款包括经营者减轻或免除自己的责任，加重消费者的责任；规定消费者在购买的商品存在瑕疵时只能更换，不能退货；规定因系统故障等第三方因素导致的风险由消费者自己承担；等等。消费过程中很多潜在风险都落在了消费者头上。消费者看到此合同后，只有选择“同意”才可进行下一步。而消费者“同意”之后，一旦产生纠纷，商家就会以此来对抗消费者的投诉，使消费者处于非常不利的地位。

6. 消费者的隐私保护问题

在传统的消费模式中，消费者几乎不用担心隐私权遭受侵害。电子商务交易很特殊，在交易之前，消费者要填写详细的个人资料，如姓名、年龄、性别、地址、电话、身份证号等。有些网站违背尊重消费者隐私的规定，以泄露消费者的隐私信息来谋取利益。消费者的手机也易受到黑客入侵。电子商务消费者隐私权的保护是一个重要问题。

7. 国际维权歧视问题

信息化时代，全球产品和服务差异日益缩小，中国消费者购买的商品和服务，与其他国家消费者购买的商品和服务在大多数情况下是相同的，但依然存在同样的商品，中国消费者付的钱更多、享受的服务更少、产品更容易出现质量问题的情况，引起了广大消费者的不满。

（四）国内外网上消费者权益保护的立法现状

1. 国内网上消费者权益保护的立法现状

随着科技逐渐发展，社会不断进步，我国也在不断完善关于电子商务网上消费的立法工作和保护政策。我国电子商务相关法律规范主要包括消费者权益保护法、合同法，还包括产品质量法、广告法、电子商务法等。

（1）消费者权益保护法

我国的消费者权益保护法于 2013 年 10 月修订，其中对网络消费的说明并不完善。目前我国并没有出台专门针对网络消费者权益保护的法规，消费者权益保护法仍然是保护网购消费者合法权益的主要法律依据。为依法制止侵害消费者权益的行为、保护消费者的合法权益，2015 年 1 月，国家工商行政管理总局公布了《侵害消费者权益行为处罚办法》，并于 2020 年 11 月进行了修订。

（2）合同法

线上交易双方通过网络达成协议与合同，同样要受到合同法的规制。网购过程中，消费者只有接受经营者列出的格式条款，合同才得以确立。大多数格式条款对消费者并非有利。合同法规定，如果提供格式条款的一方在免除其责任的同时去加重对方责任、排除对方主要权利，这种条款就是无效的。

（3）产品质量法和广告法

网上购物对消费者有很大的吸引力，大多数网上店铺的商品价格更加优惠。但有时商品会存在质量瑕疵，卖家也可能通过虚假宣传来销售商品，这就需要产品质量法和广告法来约束。

2016年3月，国家工商行政管理总局公布《流通领域商品质量监督管理办法》，规定销售者采用网络电视、电话、邮购等方式销售商品时，消费者在收到商品七天内有权退货。

（4）电子商务法

该法明确指出，电子商务经营主体应当全面、真实、准确地披露商品或服务信息，以保障消费者的知情权和选择权，并对消费者损害赔偿进行了详细规范。

2. 国外网上消费者权益保护的立法现状

以几个国家或地区的制度为例，进行具体说明。

（1）美国

消费者保护运动起源于美国，美国成立了世界上第一个消费者组织，颁布了第一部有关消费者保护的法律。美国消费者保护立法进程的阶段性特征比较明显，从起初关注消费者基本健康，发展到对消费者进行引导和教育，再到现在的全面保护，并且建立了消费领域的惩罚性赔偿制度。

美国消费者保护最为突出的特点是，建立了群体性法律保护机制和集团诉讼机制。该机制主要是针对消费者小额分散性损害设立的。由于消费者受到的侵害呈现分散性、多样性的特点，在美国允许个别受害人以所有受害人的名义提起集团诉讼，诉讼请求往往是惩罚性赔偿。同时该诉讼采取退出制度，只要不是消费者民事退出，则该案的审理结果对全体受害消费者都具有法律效力。此外，美国的公益组织提起的团体诉讼也比较多，如要求某些经营者停止侵害消费者的行为，其目的不在于获得赔偿而在于促使经营者诚信经营。

美国电子商务起步较早、发展较快，在电子商务政策的制定中，始终将消费者保护作为重要组成部分，如网络隐私权保护方法、信息自由法、电子通信隐私法、在线隐私保护法、个人数据隐私和安全法案、诚实信贷法。此外，联邦电子资金划拨法、统一电子交易法等规定了一系列的信息披露制度，为消费者知情权提供了保障。

（2）欧洲

大陆法系在欧洲根深蒂固。与英美法系国家不同，欧洲各国在消费者的群体性保护上比较保守，普遍认为大规模的消费者损害通过预防性规定就能进行监督，而不认可惩罚性赔偿，很少发生群体诉讼。一方面，欧洲有运行良好的社会保障措施和完善的医疗保险制度，很多领域都有非常严格的规则，特别是有关消费者健康方面；另一方面，一般的消费者损害可由保险公司偿付后再由保险公司追偿，少数会采取损害赔偿诉讼的方式追偿。

（3）日本

日本的消费者基本法规定了国家、地方政府和经营者各自的责任和权利，与反垄断法、销售法等一系列直接或间接保护消费者的法律法规，共同构成了一个有机的法律体系。消费者基本法由消费者保护基本法修订而来，主要突破点在于对消费者的定位由过去的"被保护的消费者"转变为"自己的消费者"。该法规明确了政策理念，规定了行政机关和经营者的责任、消费者的权利等，同时对纠纷解决和体制改革的相关问题进行了说明。

日本消费者保护制度以强大的行政指导为中心，政府通常采用说服、教育、示范、建议等非强制手段和方法，处理并解决与消费生活有关的咨询和投诉。

日本政府还会举办一些消费思想教育活动，来启发消费者的自主意识。日本政府始终认为，为消费者提供必要的信息及教育机会是消费者应当享受的权利，消费者应掌握有关消费的知识，开展自主合理的活动，致力于培养远离受害和事故、成为消费经济主体、为解决主体和社会问题作出贡献的消费者。

（五）加强跨境电商中消费者权益保护的对策建议

1. 完善我国现有的法律制度

我国消费者权益保护法为跨境电商消费者权益保护提供了根本依据，但是并不能完全适应跨境电子商务的迅速发展。政府制定的法律框架应在保护消费者免受欺骗的基础上，保护个人信息，曝光无良厂家，解决商业交易纠纷。

一是明确消费者的权利和经营者的义务。首先，不断完善跨境电商领域的消费者权利，如知情权、公平交易权、索赔权和隐私权等。其次，完善经营者的义务。先要履行法律义务，即遵守国家的各项规定，再履行特殊义务，包括提供商品详情、商品质保及售后服务的义务，保护电子商务消费者个人数据的义务，等等。

二是确定跨境电商的运行模式和规范，使整个交易流程更规范、更简易，减少不必要的中间环节，让消费者能够清晰明了地掌握物品和资金的流向。

三是建立市场准入机制。通过相关法律，明确跨境电商的市场准入资格、市场经营行为组成方式等。跨境电商网站应符合消费者权益保护法中规定的被投诉对象的条件，保证具有经营主体的资格。

四是明确电子支付细则。我国跨境电商领域关于支付的相关立法还不够完善，应通过落实电子支付立法来保障消费者电子支付的合法性和安全性。

五是提高互联网信息披露的真实性和完整性。借鉴发达国家有关互联网信息管理的立法经验，严格规范互联网环境。对跨境电商信息披露的范围进行规定，确保为消费者提供信息对称的、全面的交易条件。

六是限制不公平的格式合同，营造公平的交易环境。

2. 加强对消费者隐私权的保护

网络技术的出现使侵犯个人隐私变得十分容易，并且后果非常严重。法律应规定经营者在使用消费者的个人信息前应取得消费者的许可或授权，并对授权使用的目的、范围，使用的机关、程序和内容都进行说明。

1997 年，德国通过的信息与通信服务法案同意服务供应商可以因提供电信服务，向消费者收集个人资料，但要求供应商先将其处理、收集或使用的方式告知消费者个人，在符合法律规定的前提下得到消费者的同意，同时有权撤销。

1999 年 2 月，欧盟部长会议提出，信息高速公路上个人数据收集处理过程中要注意对个人隐私的保护。欧盟的个人权利保护指南也规定要采取适当的步骤和技术，保护消费者的个人隐私权。基于网络提供的服务，在使用之前要告知消费者其使用互联网可能会带来对个人隐私权的危害，告知消费者合法使用和降低风险的方法。必须向消费者明确个人权利保护措施，在消费者开始使用服务访问站点时，告知其所采集、处理、存储的信息内容、方式、目的及使用期限等。

3. 建立行业自律组织和消费者权益保护组织

网上交易很难通过行政手段控制，需要社会力量参与，包括行业自律和消费者自律两种组织力量。行业自律要求提供网上交易服务的商家和经营者，特别是同行业的经营者采取切实可行的措施，从消费者的角度设计公平的交易规则，惩治欺骗消费者的行为。

4. 完善安全保护措施和机制

网上交易安全是消费者普遍关心的问题，消费者往往希望能简单快捷地完成交易，但又担心因操作不当或黑客入侵而受到损失。因此，必须采取有效的措施，逐步建立健全以信息安全、网络安全为目标，以加密技术、认证技术为核心，以安全电子交易制度为基础，具有自主知识产权的电子商务安全保障体系。要建立一个专门的、全国性的认证体系，权威公正地开展跨境电商，确认从事跨境电商活动的企业身份的合法性、真实性和准确性。在跨境电商中，通过一定的技术和措施确认交易用户的身份和授权，保证数据传输的真实性和保密性。考虑到跨境电商已经打破传统的地域限制，成为国际性的贸易手段，所建立的核心密码技术标准应与国际标准兼容，且必须经国家密码管理机关审核批准后方可使用。

5. 拓宽纠纷解决渠道

大多数消费者为追求快捷方便，更愿意进行网上消费，因此效率、成本和便利性也是影响跨境电商争议解决方式选择的重要因素。互联网是争议产生的源头，也应让其成为争议得到解决的地方。

6. 消费者自我保护意识的引导

在信息化社会，消费者应增加对计算机网络技术的了解，及时采取技术措施，如防火墙技术、加密技术、认证技术、防病毒软件来保障个人信息安全。在进行电子交易时，注意识别网站合法性、备案记录，选择信用度高的商家进行交易。在交易的过程中，保存必要的交易记录，索要并认真保管购物发票凭证。

7. 构建电子商务信用体系，加强对跨境电商交易的监督

建立一个涵盖跨境电商商家基本信息、产品信息、交易情况、信用情况的权威数据库，链接各跨境电商网站，对每次交易进行信用评价，方便消费者检索、查询、监督。例如，购物网站会有消费者评价，可以让其他消费者在购买商品前进行辨别和判断，从而作出正确的选择。

四、跨境电子商务网络安全

（一）跨境电商面临的网络安全问题

1. 信息安全问题

信息已经成为企业的重要资源，也是一种重要资产，很多业务的开展都依赖于信息的安全运行，人们也越来越重视信息安全。互联网和 IT 技术的普及使得应用技术突破了时间和空间上的限制，信息的使用率不断提高。同时，非法入侵网页篡改网站、计算机病毒导致服务器瘫痪等信息安全问题也在持续发生。信息安全已经成为跨境电子商务中亟须解决的问题。

（1）信息窃取

在信息传播过程中不采取加密措施，或者加密措施不够严密，攻击者就会在数据包途经的网关或路由器上截取到目标对象传送的信息。通过多次截取和分析，就可以发现信息传送的规律和格式，进而破译信息的内容，造成信息泄露。

（2）信息篡改

当黑客破译了信息的内容并掌握了信息传送的格式和规律后，就可通过各种技术手段对传播的信息进行翻译，之后替换、篡改、删除或者插入新的信息，再发往目的地，从而达到非法目的。

（3）恶意破坏

由于攻击者可以截取信息，甚至进入目标对象的内部网络，就可以对目标对象发送的信息或网页，甚至内部数据库中的信息进行随意窃取和破坏。这种行为有的是以牟利为目的的犯罪行为。

（4）假冒信息

黑客可以篡改截取的信息，冒充合法用户向目标对象发送假冒信息，或者诱使目标对象与自己进行恶意信息交换，以谋取非法利益或造成目标对象的系统瘫痪。

（5）信息丢失

网络服务质量不可靠、通信质量比较差、不同操作系统平台的数据转换安全措施不够严密或缺乏相关的安全机制，都会导致传输过程中信息的丢失或篡改，从而给用户带来损失。

2. 计算机病毒问题

很多使用计算机的用户都曾遭受过计算机病毒的入侵。计算机一旦感染计算机病毒，就可能威胁到用户的个人信息安全。

《中华人民共和国计算机信息系统安全保护条例》规定，计算机病毒是编制者设计的一种代码，插入在计算机程序中，能够破坏计算机功能或者数据从而影响计算机的使用。该代码能自我复制，是一种具有高度传染性的程序。它们能把自身附带的各种类型的文件，通过各种渠道感染计算机系统以扩散到其他计算机系统。

典型的计算机病毒有以下几种特征：一是传染性，具有把自身复制到其他程序的能力。二是非授权性，其传播是未经用户许可的。三是隐蔽性，其通常存在于正常程序中或磁盘较隐蔽的地方，甚至以隐含文件的形式存在。四是破坏性，绝大多数病毒一旦侵入系统就会对整个系统造成不同程度的影响。五是潜伏性，大多数病毒潜伏在系统中，只有在满足一定的条件时才会发作。六是不可预见性，不同种类的病毒代码也不相同。

（二）跨境电商的网络安全隐患

1. 开放性

互联网最大的特点是开放性和资源共享性。但开放的、缺乏有效控制机制的网络非常脆弱，很容易遭受黑客攻击。工业和信息化部于2009年印发了《关于支持服务外包示范城市国际通信发展的指导意见》，启动国际互联网数据专用通道建设工作，组织各基础电信企业积极对接地方产业发展需求，提升网络基础支撑服务能力。截至2022年2月，全国已有39个城市/园区获得工信部批复建设国际互联网数据专用通道。这在解决国际互联网交通堵塞问题、提升区域信息化和对外开放水平、促进会计电子商务发展方面具有重大意义，但也给跨境电子商务的安全带来更大挑战。

2. 传输协议

互联网采用TCP或IP协议传输数据。在互联网发展早期，安全问题并不突出，因而该协议在开发时并未充分考虑数据的保密问题，也就没有采取安全措施以保证信息的安全性，因而不可避免地存在很多漏洞。

3. 操作系统

目前，计算机使用的操作系统主要有Windows、Unix、Linux等，没有一种操作系统是绝对安全的。从理论上讲，也没有一种软件是没有漏洞的。Security Focus公司的漏洞统计数据表明，绝大部分软件都或多或少地存在漏洞。

4. 信息电子化

电子信息无法像传统信息那样经签字盖章确认，在存储、处理和传输过程中很容易遭到侵袭和黑客攻击。这些都有可能影响信息的完整性和可靠性。

5. 管理漏洞

常见的管理漏洞包括：

（1）人员管理松懈

企业平时缺乏相关规制，管理松懈，存在道德修养较差的职工。

（2）口令设置简单

用户平均至少需要四个口令，系统管理员需要记住的口令就更多，如开机口令、系统进入口令、数据库口令、邮件口令等，因此不少用户选择简单方便、便于保管的口令，这样就极可能出现泄露的问题。

（3）网络管理漏洞

大多数网络管理员对网络安全不太了解，很多企业单位都没有设立专门的安全管理员，很少进行安全检测，更缺少安全监控，这样就会导致管理漏洞。

（4）法律和技术漏洞

电子商务是一种先进的、超前的商务模式，很难用现有的法律条文对信息犯罪进行有效防范。而信息犯罪属于跨国界的高技术犯罪，现有的科技手段难以杜绝黑客的攻击。

（5）信息产品的安全隐患

目前信息系统涉及众多的IT产品，包括操作系统、数据库、平台、应用系统。各种信息产品之间缺少协调，产品之间的安全数据缺乏共享，安全机制缺乏协同，各产品缺乏统一的服务接口，导致信息安全工程建设困难。信息产品安全功能重复、开发品难以管理也为信息系统管理留下了安全隐患。

五、跨境电子商务个人数据保护与隐私规则

（一）跨境电商个人数据保护与隐私规则的基本内容

1. 范畴

传统的隐私权主要指自然人在个人信息、个人行为自由和个人空间三个方面享有被保护的权利。随着计算机和互联网的广泛应用，个人隐私更多地表现为网络上的个人数据。

对于消费者的个人数据何时被收集、如何被收集、收集的内容有哪些，拥有知情权的电商应在网站显眼位置公布，应写明关于个人数据利用加工的相关政策，不得未经数据主体同意向第三方泄露个人数据。

利用一些软件，电商网站可以了解到消费者的消费路径，推测其购买喜好，相机推销相关产品。而有的消费者不喜欢被跟踪，就可以拒绝软件的追踪。电商企业应尊重消费者的隐私权。

个人拥有网络空间不被打扰的权利。垃圾邮件充斥个人邮箱，广告信息侵扰个人网络空间，就属于侵犯个人隐私行为。电商企业不应给消费者滥发广告、邮件，并且应给予消费者选择退订广告邮件的权利。

2. 主要保护模式

数据隐私保护模式主要包括以欧盟为代表的法律规制模式和以美国为代表的行业自律模式。

采取法规规制模式的国家和地区主要通过颁布法律、严格执法程序来实现对数据隐私的保护，通过法律监管措施来规范电商企业的行为，通过罚款、强制执行的手段对电商企业产生震慑力。到目前为止，世界上已经有几十个国家和地区颁布了数据隐私保护法律，如欧盟的数据保护指令、日本的个人信息保护法。

采取行业自律模式的国家通常是市场经济发达的国家重视市场调节手段，弱化政府

干预力度。美国有很多不同类型的行业自律组织，如SPSC隐私保护自律组织、个人隐私保护认证组织。

3. 国际数据隐私保护规则体系

由于国际数据隐私保护涉及不同国家和地区的法律政策协调问题，不是单个国家或地区可以解决的，因此不少国际或区域经济组织纷纷出台了相关指南和框架，构建了区域的跨境隐私规则体系。国际经济组织颁布的相关指南和框架包括1980年经济合作与发展组织（OECD）提出的“理事会关于保护个人数据隐私和跨境流动指南的建议”，2016年欧盟通过的“通用数据保护条例”，以及2004年亚太经济合作组织（APEC）推出的“亚太经合组织隐私框架”。这些文件中只有欧盟发布的条例具有法律效力，对签约国有效。

跨境隐私保护方面的规则体系目前有两个，即欧盟的约束性公司规则体系与亚太经济合作组织的跨境隐私保护规则体系。两个规则体系以企业自愿申请为前提，对符合隐私保护标准的企业进行认证。规则体系结合了行业自律和法律监管的要素，获得认证的企业将继续受其监管，并能够在区域内获得较大的竞争优势。

（二）跨境电商个人数据保护与隐私规则的重要性

数据隐私保护是信息时代的核心商业规则。跨境电商业务的开展离不开消费者的个人信息，在电商时代，个人数据已然成为商业成功的法宝。在跨境电子商务中，合理运用国外消费者的个人数据也是海外业务成功的保证。隐私保护不是跨境电商企业吸引个人数据的充分条件，但一定是留住个人数据的必要条件。隐私保护水平与消费者在该网站的购物意愿成正比。

数据隐私规则体系可能成为跨境电商的新壁垒。为了保护数据隐私，世界上几十个国家和地区已经颁布了隐私保护法律，其中欧盟的保护力度最大。

六、双边自贸协定中的跨境电子商务政策

随着电子商务应用日益广泛，跨境电商已经成为双边自贸协定中必不可少的主题。双边自贸协定中关于跨境电商政策的规定，在很大程度上具有一致性，主要涉及以下问题。

（一）电子贸易的非歧视问题

为促进跨境电子商务发展，双边自贸协定通常规定不得歧视电子贸易形式及数字产品，不得歧视以电子贸易形式交付的商品。例如，对用电子邮件发送的建筑设计图与通过传统形式发送的建筑设计图，不应采取不同的收税标准。

（二）数字认证问题

双边政府要努力促成政府签发的数字证书的互认、承认数字认证的合法性，任何一方都不得以法律形式阻止电子交易。双方应采用适当的数字认证方式，也不得剥夺电子交易双方在法庭上证明电子交易真实性的机会。双方应鼓励数字证书在商业领域的互认。

（三）关税问题

跨境电子商务属于新兴业态，政府通常对其采取免税的政策，以促进其发展。双边自贸协定中大多规定，无论是附着在物理媒体上还是通过网络传送的数据产品，双方国家不得对其征收进口或出口关税。

（四）消费者保护问题

在促进跨境电商发展的同时，双边自贸协定也十分重视对消费者的保护。其中规定，应采取透明、有效的措施来保护消费者的权益，使其在电子商务时免受欺诈。

七、跨境电子商务法律法规的国际协调

由于跨境电商业务是通过互联网在全球范围内展开的，涉及不同国家和地区，一旦发生纠纷，更不容易得到解决。跨境电子商务作为新业态，各国相关领域的法律法规有很大区别，国际协调机制尚未建立。一些主要的国际组织意识到了这个问题，从不同方面为跨境电商法律法规的国际协调作出了贡献。

（一）联合国

联合国国际贸易法委员会于 1966 年由大会设立。大会设立国际贸易法委员会，承认各国法律存在差异，将国际贸易法委员会视作联合国更积极发挥消除障碍作用的工具。

20 世纪 90 年代末至今，国际贸易法委员会一直在讨论电子可转让记录的规范问题。2010 年，针对跨境电商在世界范围内蓬勃发展的状况，国际贸易法委员会成立专门的工作组来制定与跨境电商相关的网上争议解决机制。

（二）OECD

OECD 由 34 个市场经济国家组成，以应对全球经济社会和政府治理等方面的挑战并把握全球化带来的机遇。在互联网政策与治理方面，OECD 的长期工作目标之一是，帮助政府制定刺激数字经济发展、造福全社会的政策。该组织出台了互联网政策制定原则建议，旨在保护隐私、互联网安全、知识产权、信息自由流动，以及在加强国际合作的基础上，保持互联网的开放性。从 2006 年开始，OECD 数字经济政策委员会每年都

举办关于互联网政策与治理的高端会议，议题广泛涉及信息基础建设、信息安全隐私保护、知识产权、国家域名等，对国家经济和安全政策都有启示意义。

（三）APEC

APEC 是亚太地区最具影响力的经济合作官方组织，共有 21 个正式成员和 3 个观察员。APEC 主要涉及全球各个地区和国家经济相关问题，如促进全球多边贸易体制实施、亚太地区经贸投资自由化、开展经济技术合作和能力建设等。

APEC 十分关注国家之间网上交易及电子商务的发展，专门设有电子商务指导组，下设物质化贸易分组和数据隐私分组，积极推动区域内国际贸易电子化，先后就电子原产地证书、电子商务谈判、电子发票、电子卫生和植物检疫证书、电子提单等问题进行了研讨，制定的相关标准和文件促进了亚太地区电子商务的协同发展。

八、跨境电子商务的法律管辖权

（一）传统商务合同管辖权的原则

第一，原告就被告原则。即以被告住所地法院为诉讼管辖法院。这一原则同样适用于消费合同管辖，是确定民商事管辖的主要依据。

第二，协议管辖。如果两者签订了有效协议，责任纠纷发生后，双方向法院提交诉讼。在消费合同中一般体现在由商家提供的协议管辖条款。

第三，由合同履行地管辖。合同的相关案件应由债务履行地法院管辖，消费合同同样由合同履行地法院管辖。

第四，消费者原地管辖。在消费合同中，消费者一方无论是在资源占有上还是在经济实力上都处于劣势地位，因此各国都在法律上对消费者作出倾斜性规定，以保护消费者利益。

（二）跨境电商对传统管辖权提出了挑战

第一，原告就被告原则的难点在于识别合同当事人的身份及所在地。在目前的技术条件下，这仍比较棘手。

第二，协议管辖的最大挑战是协议管辖条款的效力问题。网络环境一般为在线的格式合同，由于技术限制，消费者除了接受格式合同外别无选择。

第三，合同履行地很难判断。

第四，消费者原地有时也难以判断。商家在网络环境下，面对浩瀚的商业信息，难以全面掌控信息资源，没有足够的精力和技术来查明与其交易的消费者的真实信息。

（三）跨境电商管辖权的探索

欧盟于 2002 年生效的《布鲁塞尔条例》是世界上第一部关于电子商务管辖的立法。为适应经济全球化的趋势，国际组织致力于相关研究，各国致力于研究电子商务等新课题，集中精力起草了民事管辖权和外国判决公约，为电子商务的发展提供了切实可靠的依据。

本章重点

海关监管与政策对跨境电商发展起到至关重要的作用。为保证一切进出境活动符合国家政策和法律规范、维护国家主权和利益，各国海关对进出口物品制定了较详细的通关和监管制度。跨境电商企业如果违反这些海关通关监管制度就可能会被海关扣货，引起商业纠纷，造成企业钱货两空。

关税是一国财政收入的重要来源，也是国家对进出口贸易进行管理的有力手段。对于跨境电商而言，关税构成了实际成本的重要部分，各国对跨境电子商务都有相关的海关监管与关税制度。我国通过制定相应的进出口税率，设立跨境电商试点城市，支持与规范跨境电商发展。

跨境电商买卖双方的利益都受到法律的保护，交易中产生的冲突也要通过法律来解决。跨境电子商务法律规则体系由从事跨境电子商务活动的各国法律以及国际组织的规则体系共同构成。了解跨境电子商务法律规则体系可以避免因不遵守东道国政府法律政策而受到制裁。在遇到争端时找到正确的解决通道，并主动掌握规则，有利于跨境电商在国际竞争中取得优势。

课后习题

一、选择题

1. 跨境电子商务条件下消费者争议类型比较单一，以合同争议为主，主要包括以下几种类型（　）。

A. 卖方不交货的争议

B. 卖方交货迟延的争议

C. 卖方所交付产品质量争议问题

D. 卖方所述产品信息虚假的争议

2. 消费者在购买、使用商品和接受服务时享有财产安全不受损害的权利，属于（　）。

A. 人身权　B. 财产权　C. 赔偿权　D. 监督权

3. 经营者采用网络、电视、电话等方式销售产品，消费者有自收到商品之日起七日内退货的权利，属于（　）。

A. 自由退换货的权利　B. 财产权　C. 赔偿权　D. 监督权

4. 电子商务中消费者遇到格式条款发生纠纷，应作出有利于哪一方的解释？（　）

A. 经营者　B. 消费者　C. 物流方　D. 中间商

5. 网上合同的“霸王条款”损害了消费者的（　）。

A. 人身权　B. 财产权　C. 赔偿权　D. 选择权

6. 跨境电子商务侵权的表现形式有（　）。

A. 商标权侵权　B. 著作权侵权　C. 专利权侵权 D. 假冒专利

二、判断题

1. 被邀请的当事方向提出邀请的当事方告知同意调解时，网上调解即告开始。（　）

2. 跨境电子商务纠纷解决机制是跨境电子商务交易的衍生服务。（　）

3. 专利权的侵权，与版权侵权一样容易判断。（　）

4. 网络卖家在网店中使用未经授权的广告描述与原创性广告图片等，不属于著作权侵权。（　）

5. 网络交易是一种即时清结交易。（　）

6. 全国性网上争议解决体系具有快捷、高效、低成本的特点。（　）

三、简答题

1. 试分析海关监管对跨境电商发展的影响。

2. 中国政府针对跨境电商的监管出台了哪些政策，为支持跨境电商发展进行了哪些有益尝试？

3. 试描述跨境电子商务法律与规则体系的主要内容。

4. 网上消费者具有哪些权利？

5. 跨境电子商务中消费者权益保护面临哪些问题？

参 考 文 献

[1] 白红平 . 全球化进程中的电子商务若干法律问题研究 [M]. 北京：法律出版社，2008.

[2] 曹倩 . 我国跨境电子商务海关征税监管探讨 [J]. 现代商业，2018（11）：35–36.

[3] 陈剑玲 . 论消费者跨境电子商务争议的解决 [J]. 首都师范大学学报（社会科学版），2012（2）：154–156.

[4] 冯晓鹏 . 跨境电子商务的法律与政策研究 [D]. 长春：吉林大学，2019.

[5] 鞠晔 . 略论电子商务领域消费者权益保护的基本原则 [J]. 现代商业，2014（19）：50–51.

[6] 李静秋 ."互联网 +"时代下我国 ODR 的多元化实践与应对 [D]. 武汉：华中师范大学，2018.

[7] 李涛 . BtoC 电子商务中消费者的主要权利分析 [J]. 云南财贸学院学报（社会科学版），2008（1）：114–116.

[8] 梁政，李丹星 . 论网络环境下的消费者权益保护 [J]. 科技资讯，2006（2）：162–163.

[9] 罗颖 . 利用第三方力量加强海关监管职能研究 [D]. 苏州：苏州大学，2014.

[10] 罗予 . 跨境网购海关监管法律问题研究 [D]. 昆明：云南大学，2015.

[11] 毛道根 . 跨境电子商务中的海关税收征管问题探讨 [J]. 对外经贸实务，2015（12）：26–29.

[12] 钮丹倩，张宝明 . 跨境电商新政对进口零售平台影响趋势及对策分析 [J]. 电子商务，2017（6）：22–23.

[13] 邵道萍 . 电子商务中消费者权益的法律保护 [J]. 合作经济与科技，2007（12S）：76–78.

[14] 涂洁 . 论电子商务中的消费者权益保护 [D]. 广州：暨南大学，2006.

[15] 王阁 . 网购中消费者权益保护的完善 [J]. 企业导报，2014（3）：9–10.

[16] 吴海玲，胡颖欣，张蕾 . 电子商务中的消费者权益保护 [J]. 中国市场，2008（15）：146–147.

[17] 吴弘 . 电子商务发展的法律研究 [M]. 上海：上海交通大学出版社，2006.

[18] 吴景明 . 消费者权益保护法 [M]. 北京：中国政法大学出版社，2002.

[19] 杨立新 . 电子商务侵权法 [M]. 北京：知识产权出版社，2005.

[20] 张蓉 . 我国跨境电商的现状分析 [J]. 才智，2016（4）：243.

[21] 张蕊 . 跨境电商进口税收政策调整 我国进口环节税制更加完善 [J]. 中国财政，2016（8）：35–37.

[22] 张钰 . 中国跨境电商的问题及对策研究 [D]. 合肥：安徽大学，2018.

第六章 跨境电子商务实践案例

本章概要

本章分为两节，共介绍了八家典型跨境电子商务企业。第一节主要介绍跨境电子商务的四个宏观案例，分别是天猫国际、敦煌网、亚马逊和 eBay。主要内容有：各平台简介，平台的类型、运营模式、盈利模式、战术等。四个平台在各个方面的发展都比较完善，本节通过这四个宏观案例，以更好地说明跨境电子商务实操知识。第二节主要介绍跨境电子商务的四个特色案例，分别是兰亭集势、宁波豪雅集团、上海星谷信息科技有限公司和浙江盈世控股有限公司，每个案例都有自己的特点。

学习目标

进一步理解跨境电商知识。在兰亭集势案例中，思考兰亭集势作为“跨境电子商务第一股”出现经营困难的原因；在宁波豪雅集团案例中，关注豪雅集团是如何实现主营业务从传统外贸向跨境电商转型的；在上海星谷信息科技有限公司案例中，着重了解跨境电子商务的整合营销方式；在浙江盈世控股有限公司案例中，了解“阿米巴”经营模式。

第一节　跨境电子商务的宏观案例

一、天猫国际

（一）天猫国际简介

天猫原名“淘宝商城”（TaoBao Mall，简写成 Tmall）。2012 年 1 月 11 日，淘宝商

城正式宣布更名为“天猫”。取这个名字是因为“天猫”和“Tmall”的谐音很像，而且“猫”代表了性感且有品位，天猫网购代表的就是时尚、性感、潮流和品质。2014 年 2 月 19 日，阿里集团宣布天猫国际正式上线，为国内消费者直供海外原装进口商品。天猫国际作为阿里巴巴旗下进口零售平台，致力于为中国消费者提供全球进口好物、直达海外生活方式，也是帮助海外品牌直接接触中国消费者、建立品牌认知和消费者洞察的平台。作为阿里巴巴全球化战略之一，天猫国际将和海外品牌一起，让中国消费者更便利、更高品质地“买全球”，发现更多全球新趋势。

天猫国际的官方 IP 形象是“有趣的海淘专家”天猫国际机长，性别男，飞行超过 92 个国家和地区，精通各国语言，熟知全球的文化与生活，眼光专业挑剔，语言幽默风趣，对一切事物胸有成竹，总是穿着一身标准的机长服饰。座驾为“天猫国际航机一号”，可快速环游世界，在任意天气环境下都可以稳定飞行。

天猫国际入驻的商家，均为中国大陆以外的公司实体，具有海外零售资质；销售的商品均原产于或销售于海外，通过国际物流经中国海关正规入关。所有天猫国际入驻商家将为其店铺配备阿里旺旺中文咨询，并提供国内的售后服务。消费者可以像在淘宝购物一样使用支付宝进行支付。而在物流方面，天猫国际要求商家 120 小时内完成发货，14 个工作日内到达，并保证物流信息全程可跟踪。

（二）天猫国际的平台类型

天猫国际平台类型主要是直发 / 直运平台模式和环球闪购模式。

1. 直发 / 直运平台模式

直发 / 直运平台模式又被称为 drop shipping 模式。在这种模式下，电商平台将接收到的消费者订单信息发给批发商或厂商，后者则按照订单信息以零售的形式为消费者发送货物。由于供货商是品牌商、批发商或厂商，所以直发 / 直运是一种典型的 B2C 模式。

在天猫国际直发 / 直运平台上，消费者选购好商品，天猫国际给平台上入驻的境外商家发送订单消息，境外商家将消费者所需的物品发给消费者。天猫国际承诺“100% 海外商家，100% 海外正品，100% 海外直邮”。海外直邮是直接从境外商家销售地发货，到国内需要办理出入关的清关手续，在时间上也有延迟，消费者需要提交自己的身份信息（主要是姓名和身份证号）以便之后进行通关检查。

2. 环球闪购模式

环球闪购平台直接批量采购海外商品，所有商品均由海外直供输入保税仓，每批货物均有海外采购凭证，海关专业抽检。货品海外原产地采购，无贸易关税，采购成本至少降低 13%；采用集装箱批量空运、海运，运输成本降低 90%。消费者在天猫国际选购商品之后，订单直接由天猫国际通过保税仓发送货物，将商品送到消费者手中。商家承诺“100% 海外原装正品，100% 国内退货”。发货时，消费者同样需要提供身份信息用于商品通关检查。商品均从保税仓直接发货，保证 72 小时内发货，7 天内送达。买家能更快收到商品，因此有更好的购物体验。

（三）天猫国际的运营模式

1. 产品流

只要是入驻天猫国际的商家都可以在平台上发布商品信息，而且能及时了解行业动态，如竞争对手的情况、当季的流行爆款等。天猫国际有着非常严格的线上商家入驻资质要求，对相关商品的质量也有很严格的把控。

（1）产品“品质保障”承诺计划

2019 年 2 月 12 日，天猫国际推出“品质保障”承诺计划，在品牌授权、服务承诺、质量认证及全链严控四个方面采取措施，严控进口商品品质，并要求商家必须具备资深招商团队、商家实地考察、海外直供、全程物流追踪、优选品质快递、金牌客服服务六大要素，以保障进口商品的质量，提升消费者的购物体验。最先试行这一计划的行业是服饰、美妆、母婴、医药保健等九大行业。

为了保证商品货源的可靠性，“品质保障”承诺计划要求商家提供品牌公司，也就是商标所有者公司的授权资质证书，在证书快要到期时，商家需要及时进行更新。

天猫国际一直致力于保障正品，而且为了让消费者放心购买，在美妆领域推出了“过敏包退”，在母婴区推出了“红屁屁包退”，在美妆、食品、母婴、家居行业推出了“破损包退”等服务。只要商品有“过敏包退”“红屁屁包退”标识，在签收 60 天内，只要出现过敏现象就可以退货，商家也会在 48 小时内予以处理。“破损包退”标识下，消费者在签收 72 小时内如果发现商品包装破损也可以发起维权。

在保健品方面，质量认证更加严格，商家需要通过海外认证机构认证，并标明认证说明，说明要求包含机构名称、认证内容、质检报告、网站等。

（2）进口商品全链路溯源系统

2017 年天猫国际就已经启动了全链路溯源系统的打造，为进口商品发放“签证”，借助区块链、动态激光、动态图像识别等技术，实现商品生产、采购、物流等信息全链路溯源。

2019 年“双 11”前，天猫国际与中国检验认证集团（CCIC）达成了紧密合作，加大了海外流通性验证的实施力度，将溯源链路拓展到海外品牌的工厂、门店进行实地验证。

2020 年 3 月，天猫国际更新进口商品溯源码，并重点加大新品类、新品牌、新商品的海外溯源力度，扩大了区块链溯源技术的应用。

2020 年 5 月 13 日，天猫国际与杭州跨境电商综合试验区共同发布了全国首个跨境进口商品质量安全公共服务平台，提供进口商品的全链路溯源及售后服务。同时，公共服务平台还上线“每月推优”的进口商品推荐板块。消费者可以通过扫描商品上的溯源码，查询进出商品的产地、运输方式、进出海关、起运港等信息。在服务平台输入报关单号，就可以进行一键验证。

天猫国际副总经理王浩洋表示，天猫国际的全链路溯源码目前累积覆盖超 6 亿件进口商品。区块链溯源技术服务已经覆盖天猫国际的奶粉、保健食品、膳食营养补充食品、美妆面膜、美妆精华等与消费者健康息息相关的商品类目。未来计划覆盖来自全球 92 个国家和地区的 5100 个品类、2.5 万个海外品牌。

2. 盈利模式

天猫国际的收入主要源于三部分：一是自营产品的销售利润，二是入驻平台的商家和消费者的佣金费，三是广告费。主要的广告收费分为直通车、淘宝客、钻石展位、官方活动等。广告业务占天猫收入的比例较大，为天猫或淘宝不断地创造盈利。以韩都衣舍为例，该品牌每年用于推广的资金就高达几千万元。天猫上有几十万个品牌，很多商家都需要进行广告推广。

3. 营销手段

天猫全球购采用多种方式进行营销。首先是邮箱营销，根据顾客订阅情况，利用电子邮箱开展广告营销。其次是搜索引擎营销，利用百度搜索开展营销推广、广告宣传等。再次是使用新媒体营销与网站联盟等新式营销方法，扩展销售市场。最后是营销活动，不但有折扣优惠营销活动，如店面优惠券、买一送一、限定折扣优惠、限时秒杀等，而且会导入海外打折季、购物中心等促销手段，如黑色星期五、圣诞节大促、网购星期一等。

4. 人才培养

阿里巴巴作为我国最早的电子商务企业之一，在电子商务领域积累了许多专业的经验。为了培养电商人才，阿里巴巴集团和杭州师范大学共建了阿里巴巴商学院，电子商务专业是其王牌专业，以培养经管、财会和贸易类人才为主。这为天猫国际的人才培养提供了保障。

5. 跨境物流

天猫国际入驻的商家一般没有独立的物流体系，因此由指定的物流公司或合作的物流公司进行发货。与天猫国际合作的物流服务商包括中国邮政、顺丰速递、DHL、TNT等。物流公司也会给货运量较大的商家一定的折扣，减少商家的运营成本，同时也更利于维系良好的合作关系。

天猫国际也一直在努力降低商家的物流成本，比如与中国邮政、FedEx、UPS 等签订合作协议，商家可以将商品储存在物流企业的仓库里，只需要在网上填表、支付运费，物流企业就会帮助商家发货，不但减少了商家的运营成本，而且提高了物流的速度。

6. 支付体系

天猫国际是买卖双方的信用中介平台，消费者付款之后，货款并不留存在天猫国际平台，而是会打到国际版支付宝平台，待消费者确认收货之后，国际版支付宝平台会将货款返给商家。为了降低风险，国际版支付宝对单笔资金实行限额，单笔购买不能超过1 万美元。在汇率转换方面，国际版支付宝通过中国银行进行处理，将人民币按当天汇率转换为外币。

天猫国际和支付宝属于同一集团，因此保障了资金的安全，并且成本也更低，不需要支付给第三方支付平台高额的交易费用。

二、敦煌网

（一）敦煌网简介

敦煌网于 2004 年由王树彤创立。王树彤于 1999 年参与创立卓越网并出任第一任CEO，是中国最早的电子商务行动者之一。

敦煌网作为全球领先的在线外贸交易平台，致力于帮助中国中小企业，是一个 B2B跨境电子商务交易平台，是领先的全球中小零售商一站式贸易和服务平台，也是美国市场最大的跨境电商 B2B 平台。敦煌网采取佣金制，并且只在买卖双方交易成功后收费。2011 年，敦煌网在线外贸交易额创下亚太第一、全球第六的好成绩。目前，敦煌网已拥有 230 万家以上累计注册供应商，年均在线产品数量超过 2500 万，累计注册买家超过 3640 万家，覆盖全球 223 个国家及地区，拥有 100 多条物流线路和 10 多个海外仓，71 个币种支付能力，在北美、拉美、欧洲等地设有全球业务办事机构。

敦煌网采用电子邮箱营销的方式开拓海外市场，通过自建的 DHgate 平台，为海外用户提供商品信息，用户只要订阅 EDM 商品信息，就能自己了解市场的供货情况。

2013 年，敦煌推出了外贸开放平台，探索外贸 B2B“中大额”交易，通过开放的服务拉拢中大型制造企业，最终引导它们在线上交易。

此外，敦煌网非常注重技术的应用，自主研发了 DHpay 支付系统、DHLink 物流平台、DHfinet 金融服务平台和全球风险控制系统，开发移动电子商务平台、多国家多语言平台。敦煌网还开创了 DHgate 小额 B2B 交易平台，打造了外贸交易服务一体化的 DHport 平台，提供金融、物流、支付、信保、通关、商检、税务、外汇等领域的一站式综合服务。应用脸书、推特等 SNS 营销平台，实现敦煌网账号与脸书等账号互联互通，从而拓宽海外市场。

为了帮助那些接触过电子商务、有货源但是技术跟不上的企业，敦煌网提供了“外贸管家”服务。通过定期组织与企业见面，将客户在样式、质量上的需求反馈给企业，并教授企业进行商品推广，与企业及时沟通，帮助企业成功进行销售。敦煌网也开创了“为成功付费”的模式，商家不用交佣金、注册费，在交易成功之后付费即可。敦煌网还是小制造商、贸易商和零售卖家三者之间的诚信担保平台。

（二）敦煌网的盈利模式

敦煌网主要的盈利模式有两个，一个是交易佣金模式，另一个是服务费模式。

交易佣金模式是敦煌网在卖家交易达成之后，根据交易额的大小收取一定比例的佣金，平台统一佣金率，并且实行“阶梯佣金”收取模式。

服务费模式是指敦煌网为入驻平台的商家提供一系列服务，包括物流服务、支付服务、营销服务等。平台物流服务，涉及端到端供应链解决方案和海外仓服务，全面支持敦煌网上卖家的物流需求，将国际供应链数字化；非平台物流服务作为独立服务，主要提供给中国本地的运货商，使他们能够利用敦煌网的全球分销网络；支付服务，主要通过 DHpay 提供，使买卖双方能够在平台上安全便捷地完成付款；营销服务，主要通过扬帆平台为平台上的卖家提供，包含有针对性的营销解决方案，可以有效地将流量直接引向卖家并提高流量的转化率。

（三）敦煌网的竞争优势

敦煌网在品牌、技术、用户、运营四大维度上，建立起了独特的竞争优势。

1. 品牌优势

① 18 年国内外品牌认知。敦煌网创立于 2004 年，已经有了 18 年的品牌历史，知名度较高。

② 100 多条物流线路、10 多个海外仓。DHLink 作为敦煌网旗下综合性跨境物流业

务平台，与全球100多家物流服务商合作，在国内外提供100多条物流线路和10多个海外仓的项目，服务包括敦煌网平台用户在内的全行业客户。

尤其是2018年敦煌海外仓全面升级，开启海外本地化服务，提升物流表现。使用DHLink海外仓发货模式能够提升物流表现，降低物流费用，缩短物流时长，减少物流纠纷；增加曝光和流量，增强客户购买信心，扩大销量及转化；拓展销售品类，提前完成清关缴费手续，突破航空禁运品类，以及海运对重量、尺寸等的限制；升级售后服务，快速退换货，仓内维修保障，O2O线下体验。2018年6月起，DHLink在洛杉矶、纽约、伦敦、法兰克福、马德里、布拉格、温哥华、悉尼、墨尔本等10个城市布局海外仓，辐射北美洲、欧洲和澳大利亚。

③ 71个币种支付能力。敦煌网在北美洲、拉丁美洲、欧洲等地设有全球业务办事机构，目前已经拥有71个币种的支付能力。

2. 技术优势

敦煌网成立至今已经有18年的技术沉淀，实现年均近万个迭代优化。特别值得一提的是敦煌网的数字贸易智能生态体系（DTIS）。基于DITS体系，敦煌网搭建了TaaS“乐高式”模块化数字贸易解决方案。

TaaS即Trade as a Service（贸易即服务）。敦煌网通过建立多维度、小颗粒、标准化的服务模块，构建了TaaS“乐高式”模块化数字贸易解决方案，帮助客户在国际贸易的全流程上进行细致的指导、提升和整合。TaaS包括但不仅限于大数据模块、选品模块、开店模块、上新模块、营销模块、风控模块、物流模块、支付模块、品牌模块等，涵盖国际贸易链条的方方面面，每个模块下再细分更多维度的细小模块，去匹配各种贸易场景。经过18年的发展和积累，选品、营销、物流、风控等模块的服务都已成为行业之中的佼佼者。单个模块通过DTIS有机地衔接在一起，形成一套标准化的解决方案。TaaS不仅可以帮助传统外贸企业高效、便捷地完成转型之路，还可以为不同贸易主体在数字贸易时代持续供能、助力。TaaS对于客户乃至整个数字贸易的作用可以归为以下三个方面：

①降低成本支出，提高效率。TaaS可通过智能供需匹配、智慧物流，降低外贸企业在贸易各个环节的成本支出，提高效率，普惠中小企业。

②直面市场需求，精准匹配信息。TaaS加速了贸易供需双方的精准信息匹配，贸易双方可以直接准确地获取市场一手信息，并快速反馈至生产制造端，促进贸易平衡。

③减少贸易摩擦。通过生态数据的积累，对买卖双方授信，提供相应的金融服务，促进外贸行业整体的良性发展。

3. 用户优势

敦煌网目前已经拥有 3640 万个买家、230 万个供应商，覆盖 223 个国家和地区。

4. 运营优势

敦煌网拥有 1000 多个运营模块，并且拥有高度跨界的人才。为了培养人才，敦煌网还创办了敦煌大学，量身定制了一套培训课程，以线上培训和线下培训为主线，为有意从事跨境电商的创业人群、就业人群和中小企业提供实战型的培训。

（四）敦煌网注册交易流程

注册：一分钟极速注册敦煌网账号。

缴费：一键缴费，开启跨境之旅。

认证：资料审核，轻松完成身份认证。

产品：发布产品，持续展示给全球买家。

订单：关注出单，及时发货，全程跟踪。

收款：确认妥投，平台放款，交易完成。

（五）敦煌网重点项目

1. 非洲市场

非洲是跨境电子商务的一片蓝海，这里中产阶级利润贡献高、网络零售发展迅速、年轻人创造价值高、电商创业团队高速发展。整个非洲大陆约有 264 家电子商务初创企业，活跃于至少 23 个国家。随着更多非洲人接入互联网，到 2025 年，网上购物将占零售总额的 10%，未来 10 年非洲网络零售额将以每年 40% 的速度增长。按区域来看，非洲 48.1% 的电商创业团队在西非地区，南非地区占到 27.3%，东非地区有 18.2%，主要集中在尼日利亚、南非、肯尼亚这三个国家，其中尼日利亚拥有超过 100 家电商创业公司。

目前，平台非洲市场主攻尼日利亚、肯尼亚、加纳、摩洛哥等国家，类目发展以时尚生活、3C 刚需、居家与出行为主，有相关类目资源且有意愿开拓非洲市场的卖家可以在后台进行产品设置发往非洲各国。除尼日利亚、肯尼亚、加纳、摩洛哥外，如卖家有其他优质的物流渠道，也可以进行设置。

2. 海外仓

敦煌网推出海外仓，利用不同备货地差异化定价功能，帮助卖家更好地控制供应链成本，突出商品定价区域化优势，整合商品销售及评价。卖家可根据不同发货地为同一商品设置不同的售价，设置不同国家或地区的“free shipping”，突出商品区域化定价及时效优势。同一 listing 可设置多个发货地，便于卖家集中维护，快速积累销量好评。

敦煌网海外仓的适用卖家主要有入驻敦煌网海外仓的卖家和自有第三方海外仓的卖家。卖家可以根据自身供应链情况，对真实的海外仓商店设置库存及售价，并且享有佣金让利、优先推荐、海外仓流量倾斜资源、“T+1”提现四大权益。

3. 精品项目

随着经济全球化的发展，跨境电商也在迅速扩张，用户对产品也有了更高的需求，因此敦煌网开展了精品项目来招募精品卖家，推出更加优惠的政策。优惠政策主要体现在功能支持、资源支持、服务升级三个方面。其中在功能支持上，店铺 listing 不设上限、单账号开放两大类，有 API、ERP 对接以及店铺自动运营功能对接；在资源支持上，商户运营团队有专人支持，专职客服一对一服务，亿级体量大卖家享有特殊政策，精准市场及用户分析，KOL、联盟、SEO 等站内外流量支持；在服务升级上，享有极速回款“T+1”，只需交纳 1.5% 的佣金，“T+5”快速放款（发货维度）。

三、亚马逊

（一）亚马逊简介

1994 年 7 月 5 日，杰夫·贝索斯（Jeff Bezos）创立了 Cadabra。这是一家基本的网络书店，也是亚马逊的前身。后来，贝索斯认为网络能给零售带来无限可能，于是开始拓宽销售范围，店名也改成“亚马逊”。取这个名字有三个原因：第一，为了能在按字母排序的网站索引结果中靠前，贝索斯决定取一个以“A”打头的名字；第二，亚马逊起源于希腊神话中女性部族亚马逊女战士，亚马逊是世界第一大河流，能孕育多物种，贝索斯希望以此命名，寓意公司也能做大做强；第三，亚马逊的 LOGO 里有一个箭头从 A 指向 Z，象征着亚马逊从 A 到 Z 各种商品都有。1995 年 7 月，店铺重新开张，公司于 1994 年在华盛顿州登记，至 1996 年改在德拉瓦州进行登记。1997 年 5 月 15 日，亚马逊在美国纳斯达克市场上市，代码为 AMZN，上市时股价为 18 美元 / 股。

为了和线下图书巨头们竞争，亚马逊大规模扩张来获取市场份额，主要的策略是以巨额的亏损来获得更多的销售量。这种策略帮助亚马逊用仅仅不到两年的时间取得了由一个线上书店到在纳斯达克市场上市的成就。

1997 年亚马逊转为综合型的网络零售商。为了推广跨境电商，亚马逊收购或自建本土化网站进入国际市场，同时在世界各地推出全球开店业务。亚马逊对卖家的要求是跨境电商里最严格的，要求卖家的商品质量有优势，并且有品牌。

2018 年 6 月 20 日，亚马逊官网推出了亚马逊全球收款服务，卖家可以使用本地货币接受全球付款，不再像之前那样需要外国的银行卡。

在美国凤凰城运营中心，不同的亚马逊高管反复告知来访的媒体：“我们的战略建立在客户需求之上，而不是建立在竞争对手之上。我们的理念是成为世界上最以客户为中心的公司。”

亚马逊的逻辑始终十分简单：客户体验足够好，就能够带来更多流量；更多流量就会吸引更多卖家来网上销售；有了更多卖家，亚马逊就能够拥有更丰富的选品，提供更便捷的服务，自然也会提升客户体验。随着规模的扩大，运营成本也会被更多的客户分摊，这样一来，成本结构也就更好，可以把节省下来的资金回馈给消费者，又从价格层面提升了客户体验。

亚马逊的商业模式是，依靠亏损的自营业务吸引用户，形成护城河，靠集市平台的收入和其他收入来获得利润，之后再把利润全部投入产品和服务的研发创新中。无论是电商平台还是后发的云计算服务，均是如此。

（二）亚马逊的业务扩张

1. 第一次业务结构：成为“地球上最大的书店”（1994—1997 年）

1994 年夏天，从金融服务公司 D. E. Shaw 辞职的贝索斯决定创立一家网上书店。贝索斯认为书籍是最常见的商品，标准化程度高；而且美国书籍市场规模大，十分适合创业。为了和线下图书巨头 Barnes & Noble、Borders 竞争，贝索斯把亚马逊定位成“地球上最大的书店”（Earth's biggest bookstore）。

为实现此目标，亚马逊采取了大规模扩张策略，以巨额亏损换取营业规模。经过快跑，亚马逊从网站上线到公司上市仅用了不到两年的时间。此后，亚马逊和 Barnes & Noble 经过几次交锋，最终完全确立了“最大书店”的地位。

2. 第二次业务结构：成为最大的综合网络零售商（1997—2001 年）

贝索斯认为和实体店相比，网络零售很重要的一个优势在于能给消费者提供更为丰富的商品选择，因此，扩充网站品类，打造综合电商以形成规模效益成为亚马逊的战略考虑。

1998 年 6 月亚马逊音乐商店正式上线。仅一个季度，亚马逊音乐商店的销售额就超过了 CDnow，成为最大的网上音乐产品零售商。此后，通过品类扩张和国际扩张，到 2000 年亚马逊上线五年的时候，其宣传口号已经改为“最大的网络零售商”（the Internet's No.1 retailer）。

这一年亚马逊的 LOGO 才最终确定。“Amazon”这个词的下方有个箭头，正对应西方的一个俗语："A to Z"，即"无所不包"。这意味着亚马逊不仅仅是一家书店，也会向所有商品、所有业务扩张。

3. 第三次业务结构：成为"最以客户为中心的企业"（2001年至今）

2001年开始，除宣传自己是最大的网络零售商外，亚马逊同时把"最以客户为中心的公司"（the world's most customer-centric company）确立为努力的目标。此后，打造以客户为中心的服务型企业成为亚马逊的发展方向。

为此，亚马逊从2001年开始大规模推广第三方开放平台（marketplace）、2002年推出网络服务（AWS）、2005年推出Prime服务、2007年开始向第三方卖家提供外包物流服务FBA、2010年推出KDP的前身自助数字出版平台（Digital Text Platform，DTP）。这些服务，使其超越网络零售商的范畴，成为一家综合服务提供商。

（三）亚马逊平台特点

第一，重商品轻店铺。一直以来亚马逊都重视商品轻视店铺。每一个商品只有一个详情页，也就是说每个商品在搜索结果中都只会出现一次，因此搜索结果更清晰。在商品的详情页下面有卖家列表，不同商家的报价都会在上面显示，减少了消费者选购比价的工作量。

第二，物流服务。FBA是亚马逊为商家提供的一种物流服务，卖家将商品存放在亚马逊运营中心，亚马逊会提供商品的后续服务，包括拣货、包装、配送、客服以及退换货等。卖家只需要思考如何提高自己产品的竞争力，不需要过分关注物流、客服等方面的服务。

第三，可以货到付款。

第四，不存在仿品。

第五，为了安全，一台计算机只能登录一个亚马逊账号。亚马逊希望卖家之间公平竞争，所以规定每个卖家只能注册一个亚马逊账号。

（四）亚马逊战术

1. 竞争战略：保持低调，聚焦长期

在动荡又急功近利的全球经济条件下，很多企业都不断在追逐热点和风口，但是亚马逊选择沉淀，保持低调，聚焦长期。长期的规划帮助亚马逊在艰难的处境中存活下来。

亚马逊从不考虑有违长期发展的事情。典型的例子就是，在20世纪90年代，很多网络公司疯狂扩张，快速成长，只有亚马逊依旧坚持自己的经营策略，不少股东抱怨亚马逊的保守和缓慢。但是在网络泡沫之后，很多网络公司破产或者倒闭，亚马逊却因为稳健经营反而保持获利状态，成了当时的一段佳话。

亚马逊的这一长期战略使其更能接受短期的失败，同时支持为创新而进行的长期的投资，所以亚马逊在未来的发展空间里是先锋的也是自由的。也正是由于注重长期的积淀，亚马逊更容易取得用户的信任，客户黏性更强。

2. 营销战术：一切为了客户体验

（1）品牌策略

亚马逊在品牌宣传上的投入占了营业收入的很大比重。例如，为了更好地宣传品牌，亚马逊为读者创立了网上购买的参与权，给读者提供信息反馈的机会，提高读者对产品的热情。为了扩大读者这一参与权的影响力，亚马逊允许所有网站免费与亚马逊链接。为感谢这些“同志站点”的引流，亚马逊给予 5%~15% 的利润返还，从最终效益来看，这是一种很好的品牌宣传方式。

（2）产品策略

亚马逊的产品策略可以概括为全、大、广。在“全”方面，亚马逊收藏了各种出版物，建立了高质量且容量巨大的数据库。在“大”方面，亚马逊注重商品的多样性，尽量保证消费者能够在网站上买到任何想要买到的东西。“广”则是说，亚马逊的营销网店遍布全世界，并不满足于美国国内市场，一直在开拓世界市场。

（3）营销方式

亚马逊的营销方式十分丰富。首先，亚马逊会在搜索引擎谷歌上投放按点击付费广告来提高广告的相关性。其次，在前端亏本促销，如 Kindle 设备（前端）一直处于亏本状态，大概有 5 亿美元的损失，但是后端能产生 4 倍以上的利润，如在电子书、音乐、电影 / 电视节目、广告和应用程序（后端）上赚取了 20 多亿美元的利润。最后，成立 Amazon Smile 基金会，让客户可以在购物时顺带做慈善，让人们觉得在亚马逊上购物是一件很有意义的事，能够感受到自己的价值。亚马逊还通过 Prime 会员制来提高客户的黏性，会员享有免费两天送达的权益，以及很多特权，如借阅 Kindle 书籍等。亚马逊还通过五封电子邮件与客户购买行为进行互动，这五封邮件分别在第一次购买、确认订单、订单配送、评论、营销活动时发送。除此之外，还通过商品页面五大转换元素提高下单率，分别是社群证明、认知价值定价、直接购买按钮、追加营销和交叉营销、稀缺感和紧迫感。“快闪商店”“14 秒视频广告”也是亚马逊的营销方式之一。

四、eBay

（一）eBay 简介

eBay 是一个可让全球民众上网买卖物品的线上拍卖及购物网站。eBay 于 1995 年 9 月 4 日由 Pierre Omidyar 以 Auctionweb 的名称创立于美国加利福尼亚州圣荷塞。

当时，Omidyar 的女朋友酷爱 Pez 糖果盒，却为找不到同道中人交流而苦恼。于是 Omidyar 建立了一个拍卖网站，希望能帮助女友与全美国的 Pez 糖果盒爱好者交流，这就是 eBay。令 Omidyar 没有想到的是，eBay 非常受欢迎，很快就被收集 Pez 糖果盒、芭比娃娃等物品的爱好者挤爆。

Omidyar 贩卖的第一件物品是一只坏掉的激光指示器，以 14.83 美元成交。他惊讶地询问得标者："您难道不知道它坏了吗？"然后得到了如下回复："我是一个专门收集坏掉的激光指示器的玩家。"

eBay 平台对卖家的要求很严格，不仅对产品质量要求很高，还要求卖家的价格具有优势。eBay 不仅出售全新的商品，二手交易也可以在平台上进行。eBay 平台的交易遍布世界各地。

（二）eBay 的运营模式

eBay 的客户资源目前已经达到 3.8 亿，遍及欧美发达国家，在中国也通过 eBay 中国为进出口企业提供服务，助力"中国制造"走向世界。eBay 平台在为买卖双方提供交易服务的同时，也在努力布局出口电商产业链服务，为卖家提供多项服务。

1. 销售服务指导

卖家能够享受 eBay 平台提供的全套指导，包括售前的准备工作、如何刊登物品、如何管理售出及发货等。在业务咨询、外卖专场培训、洽谈物流优惠等方面。eBay 还会给卖家解读销售政策，教卖家进行平台操作。

2. 配套服务完善

eBay 在物流、仓储、融资和翻译等方面都有非常完善的服务。

在物流方面，eBay 中国联合物流战略伙伴橙联股份有限公司共同打造了物流方案 SpeedPAK，以 eBay 中国平台政策为基础，由橙联整合目前市场上各项优质物流资源，包括国内揽收、国际空运、进出口清关及海外派送网络等，提供高效、稳定的门到门国际派送服务。SpeedPAK 为 eBay 大中华区卖家量身打造了美国、英国、德国、意大利、法国、西班牙、澳大利亚、加拿大及其他欧洲国家共 51 国路向的国际派送解决方案，并持续推出新增服务，为卖家提供更多的物流选择，助力大中华区卖家拓展全球市场，并持续提高买家体验。

在仓储方面，eBay 中国虽然没有海外仓，但是卖家可以使用第三方海外仓。目前与 eBay 中国合作的英国海外仓和美国海外仓是万邑通物流服务商，在德国有万邑通和天珅两家物流服务商，澳大利亚海外仓有万邑通和斑马两个物流服务商，意、法、西海外仓有谷仓和出口易等物流服务商。第三方海外仓具有很多优势：第一，直接从当地发货，2~5 天就能送达，物流时间较短，用户的体验更好，卖家也能更快回流资金。第二，能很好地解决售后问题，退货直接送往第三方海外仓，物流运输费用相对更低。第三，卖家只需备一次货，之后可以直接在系统上完成下单、浏览、发货、运输等。第四，产品的物流信息、包装问题、运输过程中丢件等都由海外仓来负责售后。

在融资方面，eBay 中国为卖家提供贷款融资服务。eBay 中国推荐的融资服务商主要有海仓融资、豆沙包、深晖融信、宇商金融、华甫达、桥易贷。①海仓融资为满足卖家申请授信、国内采购、报关出口、国际物流、海外仓储、信保融资、退税结汇等环节的服务需求，为买家打造上限 500 万美金的大额融资服务。②豆沙包基于跨境电商行业特点，为 eBay 卖家提供极具优势的银行普惠金融产品、收汇结算电子交易信息申报服务，产品安全合规、利率低、额度高，让卖家轻松扩大规模、赚得更多。③深晖融信在 2014 年创新推出电商贷，专为境内及跨境电商卖家提供融资服务。卖家基于平台上的过往交易记录即可获得大额授信，成本低廉，操作简单，非常贴合电商企业的融资需求，现已成为众多卖家融资首选。④宇商金融为电商卖家专业定制供应链金融融资方案——宇闪融，通过平台交易数据即可获得高额信用贷，同时为电商卖家提供贷款利率个性化方案。自有资金运营、放款高效、能够提供专享一对一服务。⑤华甫达成立于 2013 年，是一家为跨境出口电商提供贷款融资及物流保险的专业服务提供商。卖家授权查询过往的交易记录并提供所属企业及个人的基本信息，即可获得银行等金融机构的无抵押、低息、大额资金贷款。⑥桥易贷由香港桥彼道有限公司推出，专为跨境电商卖家提供离岸融资贷款服务：基于平台交易资料即可完成授信，100% 线上操作，低利率，无隐形费用，无抵押，可以随时满足卖家的资金需求。

在翻译方面，2013 年 eBay 公布了一种更技术化的策略——机器翻译，即使输入俄语搜索关键字，也能返回与关键字匹配、用英语描述的商品。2014 年 6 月，eBay 推出了 App Teck 机器翻译技术，帮助交易双方克服语言障碍。

3. 人才培训

eBay 有自己的外贸大学，很多优秀企业在外贸大学里分享成功经验。外贸大学也推出了很多专题供卖家进行学习。

4. 动态信息

eBay 充分利用大数据分析技术分析市场，给卖家提供来自世界各地的动态信息，使其了解世界市场，从而把握商机。

5. 卖家保护政策

eBay 通过卖家保护政策不断强化对卖家的保护和支持，在发货问题、物流问题、支付问题、退货问题等方面，保护卖家的正当利益。

6. 本地服务

在本地服务方面，eBay 的客户经理和客户服务团队会给卖家的业务提供一定的支持，如为卖家提供业务咨询、市场分析等服务。

（三）eBay 的盈利模式

1.C2C 运营模式

eBay 是 C2C 电子商务先驱，开创了 C2C 的模式。在 eBay 上，用户可以既是卖家又是买家，eBay 给买卖双方提供了一个信息交流平台。eBay 能够实现跨国的用户线上交易，但是平台本身并不直接参与交易，只是给买卖双方提供各种需要的信息流。

2. 销售方式

卖家可以在 eBay 平台通过三种方式发布物品，第一种是拍卖，第二种是一口价，第三种是“拍卖 + 一口价”。卖家可以自主选择适合自己的方式。

（1）拍卖

拍卖就是用竞拍的方式来销售，最后出价最高的人获得商品。卖家对商品的起拍时间和上线时间进行设置，在规定时间内出价最高者中标，商品以拍卖价卖给中标者。卖家在使用拍卖方式销售时，要支付给平台一定的刊登费，刊登费按起拍价的一定比例来确定，在最后成交时，还需要根据成交价格缴纳一定的成交费。

拍卖的方式能够激发买家的购买欲，竞价方式也能给卖家带来更多的利润，同时拍卖方式能够增加商品的搜索权重，提高商品的活跃度。

拍卖方式适用于卖家无法确定商品价值，但却希望能够尽快卖出的情况。此外，一些独特、稀有的商品也经常以拍卖的形式进行销售。如果卖家近期刊登的产品没能卖出去，可以通过拍卖的方式在按“即将结束的物品”排序时提高商品的搜索排名。

（2）一口价

一口价是直接给商品定价，买家以该价格购买物品。

一口价也需要支付刊登费，在成交之后也需要支付成交费，但是成交费率通常比较低。一口价也能设置议价功能，成交费根据最后的成交价来缴纳。此外，一口价的物品展示时间通常更长，可以得到更充分的展示。在商品数量较多时，可以直接“多数量物品刊登”，一次性就能完成刊登操作。

一口价的销售方式适用于卖家对自己商品的定价有清晰认知的情况，或者销售商品有很多件、库存较多，或者希望能够展示更长时间的情况。

（3）“拍卖 + 一口价”

“拍卖 + 一口价”综合了“拍卖”和“一口价”两种方式。采用这种方式时，卖家选择“拍卖”，设置好起拍价，再根据自己的心理预期设置一个“保底价”，也就是“一口价”。这种方式汇集了“拍卖”和“一口价”的所有优势，买家能够根据自己的情况灵活选择购买方式。

一般情况下，卖家销售品类众多，想吸引更多的不同需求的买家时可以采用这种方式。此外，为了提升销量，提高买家对库存其他商品的兴趣，也可以使用“拍卖 + 一口价”的方式让买家更加了解卖家的店铺和其他商品。

3. 盈利模式

eBay 通过向卖家收取一定的手续费盈利，手续费主要分为六部分：刊登费、成交费、特色功能费、PayPal 收款手续费、店铺费、广告推广费。

其中，刊登费是开店的基础费用，卖家在刊登产品时，需要缴纳一定的刊登费。eBay 每个月会给商家一定的免费额度，只有超出该额度才需要支付刊登费。一般情况下，超过免费额度后按一条 0.35 美元来计算。

成交费是商品最后出售时需要缴纳的费用。成交费按买方支付的总金额的一定百分比收取，总金额包括运费和手续费。大部分商品的成交费按销售总额的 10% 收取，但是不会超过 750 美元。

并不是所有的商品都需要缴纳特色功能费，只有在卖家给商品添加一些特殊的功能时才需要缴纳，只要卖家不使用特殊功能就不需要缴纳特色功能费。

PayPal 收款手续费类似提现的手续费。主要有两种形式，一种是小额商品费率，另一种是商家费率。

只有在 eBay 站点开设店铺的卖家才需要缴纳店铺费，类似店铺的月租费。eBay 的店铺分为基础店铺、高级店铺和超级店铺，不同等级的店铺收费标准也不同。不同的店铺每个月免费刊登商品的数量、刊登费以及成交费的收取比例都不一样，收费方式也分为月度收费和年度收费两种方式。一般情况下，店铺等级越高，可以免费刊登的商品就越多，各种费率也相对更低。此外，不同的商品品类的成交费费率也不同。

卖家有广告投放需求时才需要缴纳广告推广费。通过广告推广，商品会被推荐到一些特定的位置上，并且只有广告推广成功才需要向平台缴纳广告推广费，只点击但没有成交并不会产生广告推广费。广告推广费的推广佣金比例在1%~20%。

4. 信息流运转模式

eBay 有“站内信”功能，用于卖家和买家之间的沟通，卖家可以通过此功能来管理买家的邮件。

5. 物流运作模式

eBay 中国的寄件人可以通过国际 e 邮宝向美国等国家寄递包裹。2014 年，eBay 中国和万邑通合作，通过大数据为卖家提供海外仓管理和“最后一公里”派送服务。

6. 资金运转模式

2018 年 7 月 25 日，eBay 终止与长期支付伙伴 PayPal 的合作，宣布与后者的竞争对手苹果和 Square 达成新的伙伴关系。eBay 将接受苹果支付，并通过与 Square 的新协议，为用户提供高达 10 万美元的商业贷款。

第二节　跨境电子商务的特色案例

一、兰亭集势贸易公司

（一）公司简介

兰亭集势贸易公司（以下简称“兰亭集势”）成立于 2007 年 6 月，注册资金 300 万美元，总部设在北京，在深圳、苏州、广州、义乌、上海、香港等地设有分公司。2013 年 6 月 6 日，兰亭集势在美国纽交所挂牌上市，交易代码为“LITB”，成为“中国跨境电商第一股”。2018 年 11 月 16 日，兰亭集势全资收购面向东南亚市场的全品类购物平台 ezbuy，后宣布任命 ezbuy 的创始人兼首席执行官何建为公司新任 CEO。兰亭集势的客户来自 200 多个国家，注册客户数千万人，发货目的地遍布北美洲、亚洲、欧洲、中东地区、南美洲和东南亚。公司曾获 PayPal“2008 年度最佳创新公司奖”等荣誉。

“兰亭集势”音译自英文名“Light in the Box”（盒子里的光）。兰亭集势致力于为全世界的中小零售商提供一个基于互联网的全球整合供应链。依靠包括谷歌、eBay、UPS 在内的全球合作伙伴，兰亭集势希望通过自身的商业模式、网络营销技术、供应链体系等，将中国的产品销售给世界各国的消费者。

兰亭集势最初的主营业务是销售婚纱礼服，之后销售的商品品类不断增加，已涵盖电子产品、服装、玩具、饰品、家居用品等 14 大类，提供 23 种语言服务，覆盖了全球 90% 的互联网用户。

（二）兰亭集势的商业模式

兰亭集势作为一个 B2C 外贸网站，主要的运营模式是将中国本土商品销售给国外的个人消费者，通过产品批发价和零售价之间的差价来盈利。2014 年 5 月，兰亭集势通过全球时尚开放平台战略，吸引全国商家入驻，并向卖家提供全球本地化、订单履行、客户服务、开放数据四项服务。

兰亭集势使用谷歌做推广，用 PayPal 支付，通过 UPS 和 DHL 发货，打造了 B2C 跨境电子商务平台。兰亭集势不仅自有电商平台，也通过海外电商平台（如 eBay 和亚马逊）将商品销到海外市场，以北美和欧洲市场为主。

1. 收入模式

（1）平台

平台的收入主要来自收取的分成。平台的招商对象是国内的线下传统品牌、互联网品牌和外贸工厂。平台的收费方式很简单，没有年费，只有分成费，一般为商家销售额的 15%。

（2）自营

通过进货价和销售价之间的差价获取盈利。兰亭集势有 70% 的产品都是直接从工厂采购的，没有中间商，进货成本比较低；而在销售方面，兰亭集势的定价以海外市场为标准，因此毛利率很高。

2. M2C 模式

M2C（Manufacturer to Consumer）模式，就是生产厂家对消费者模式，是生产厂家直接向消费者提供产品或服务的一种商业模式，具有流通环节一对一的特点，产品品质和售后服务质量由此得以保障，同时也降低了销售成本。

M2C 的产业链相对复杂，涵盖了销售、生产、海运、仓储管理等环节，不仅需要各行业的专业人士，也需要强大的 IT 系统来高效管理。兰亭集势在 IT 开发方面具有自己的优势。

一般的跨境电商出口有六个环节：中国的工厂—中国的出口商—外国的进口商—外国的批发商—外国的零售商—外国的消费者。兰亭集势涵盖了所有环节。在 6 个环节中，外国批发商、外国零售商、外国消费者这三个环节利润较高。中国跨境电商出口企业一般都不涉及这几个环节，所以只能依靠低廉的价格，采取薄利多销的方式盈利。但是兰亭集势打破了这一局限，利用推特、脸书、谷歌等工具将商品送到外国消费者手中，从而实现了利润的最大化。

3. 供应链模式

兰亭集势拥有高效的供应链管理机制，能够在保证订单及时得到处理的同时，实现定制化的生产流程。

（1）供应链环节

直接从生产厂家进货并销售到海外消费者手中，没有中间商，极大地缩短了供应链。从工厂到平台再到消费者，实现了最短的销售链条，因此能够获得更高的毛利率。

（2）供应链管理

兰亭集势拥有 2000 多家供应商，有着成熟的供应链管理体系，采用招标的形式引入供应商竞争。在供应链管理上，兰亭集势深度、广度并重。在深度上，将供应商纳入整个产业链条，供应商有主动更新产品的权利，整个网站的更新速度也不断加快。在广度上，兰亭集势与多家供应商展开合作，丰富产品的种类，增加网站产品的多样性。

为了满足定制需求，兰亭集势在众多工厂中挑选出学习能力最强的工厂，派专门的工程师帮助再造生产，包括成本核算、管理改进以及生产流程再造，将为国外厂商服务的传统工厂改造为能够适应跨境电子商务需求的工厂。这些工厂还能满足兰亭集势小批量下单并快速补货的需求，在减少库存的同时，提高供货的速度。在兰亭集势的这种模式下，从设计到消费者购买仅仅需要 3 个月的时间。

（3）商品管理

兰亭集势对不同的商品采用不同的管理模式。

一类是定制品。兰亭集势的定制品主要是婚纱礼服类，顾客根据自己的身材和喜好提出个性化的要求，定制需求很大。以美国为例，在线下店面，婚纱只有标准尺码，但是兰亭集势能够满足顾客不同的需求，并且价格仅是美国市场线下店面的1/5。兰亭集势会提前对供应商流程或生产协调能力进行培训，供应商会在规定时间内完成定制，并在48小时内将产品送至兰亭集势的仓库。

另一类是标准品。一般供应商会提前备好货并送至兰亭集势的仓库，以使订单能较快得到处理。

4. 网络营销技术

兰亭集势有着十分丰富的网络营销手段，搜索引擎营销、展示广告、邮件营销以及社交网站的口碑营销均有涉及，能够通过互联网实现精准营销，直销到个体消费者。

兰亭集势利用网络销售记录和海量数据，通过自身强大的数据分析能力，运用数据指导决策。目前，通过搜索引擎营销的方式，兰亭集势已经积累了包含17种语言的几百万个关键词及其绩效数据，开发了一套算法用以排列关键词的组合，以实现广告投入回报率的最大化。

兰亭集势在数据分析上，开发了网络“爬虫”来抓取大量的网站信息，并找出社会化媒介上的信号，确定哪类产品能够在特定时间和特定地区对人们产生吸引力。兰亭集势也通过数据得出最优化的算法，解决用什么快递公司、在特定情况下如何进行组合更优更快的问题。

5. 本土化措施

兰亭集势在将中国货物卖给外国消费者的同时，也在不断推进本土化。首先，兰亭集势在欧洲、北美等主要市场都建有海外仓，2014年还在美国设立了海外办公室。其次，兰亭集势在美国、波兰、西班牙等地都会雇用当地的员工，在20多个国家和地区聘请当地人做客服。最后，在营销方面，兰亭集势利用当地网络联盟及社会化营销等方式，提高公司在当地市场的品牌知名度。

6. 物流平台

2015年1月26日，兰亭集势宣布正式启动“兰亭智通”全球跨境电商物流平台，旨在以开放平台模式为跨境电商卖家整合全球各地物流配送服务商，从而降低跨境物流成本。

兰亭集势前董事长兼首席执行官郭去疾在接受亿邦动力网采访时说道：“兰亭智通就是将兰亭集势8年来积累的物流经验、系统、数据整合在一起，以开放的平台给所有跨境电商企业使用，同时也开放给更多的物流企业与代理商，让他们能够参与跨境电商的大潮，从而让更多的中国企业可以做到‘不出家门卖全球’。”

（三）兰亭集势面临的发展困境

兰亭集势作为“中国跨境电商第一股”，作为外贸领头羊，大家都认为它能风光无限，但事实上，它已经跌落神坛，陷入了发展困境。

1. 资金困境

2015 年 9 月，兰亭集势北京的一位在线销售表示，整个部门 95% 的同事从 6 月 15 日起只发底薪，提成为零，已有近 500 人离职；该公司位于北京望京地区曾接近 50 人的 eBay 销售团队，2015 年的离职员工有 20 人左右。员工对公司前景的悲观情绪加重。

此外，兰亭集势与供应商的矛盾也在激化。一位兰亭集势供应商向媒体反映情况称，兰亭集势不仅经常拖欠货款，还对供应商进行限制，强制压价、收缴杂费，甚至规定了高达采购价 3 倍的罚款。

全球速卖通对包括兰亭集势在内的国内一批独立外贸电商站点产生了很大冲击。兰亭集势在海外建设仓储物流时又遇到了税务等问题，导致其资金链陷入困境。

2. 股价走低

2013 年兰亭集势在美国纽交所上市，发行价为 9.5 美元，一开盘股价就达到 11.16 美元。然而上市即巅峰，此后兰亭集势的股价一路下跌。北京时间 2018 年 10 月 30 日晚，兰亭集势收到纽约证券交易所警告，在未来 6 个月内，如果其股价不能达到 1 美元，将被“摘牌”退市。消息爆出当天，兰亭集势市值再跌 9.57%，股价低至 0.85 美元，总市值仅剩 5763 万美元，不及兰亭集势刚上市时创始人郭去疾一人身价（当时郭去疾的身价为 5890 万美元）。

2021 年 12 月 8 日，兰亭集势 1.13 美元的股价较 2021 年 2 月 5.69 美元的高点已经跌去八成。在兰亭集势发布 2021 财年三季报后的 2021 年 12 月 3 日，其股价跌至 1 美元，创下近一年来兰亭集势股价的最大跌幅和最低点。

3. 原因

（1）假货问题

兰亭集势的定位是卖廉价货，所以假货、赝品泛滥。这种方式虽然在前期获得了巨额利润，却为之后的发展埋下了隐患。

兰亭集势是卖婚纱起家的，抓住的正是中国制造业发达的优势以及对外出口的商机。但是，2015 年之后，我国制造业成本飙升，产业向东南亚等地转移。失去了成本红利优势，就意味着兰亭集势的低价货源模式走到了尽头。而且，由于消费者已经将兰亭集势定位为低价平台，只有当兰亭集势上的物品价格比其他平台低时才会选择购买，因此赢得回头客难度很大，无论如何做广告引流都无济于事。随着各大主流跨境电商平台的崛起，卖低端货的兰亭集势很容易被市场淘汰。

（2）全球速卖通、eBay 等的制约

全球速卖通背后是阿里巴巴，代表着数十万甚至更多的金牌卖家和产品，在 SKU 的深度和广度上更胜一筹。而 eBay 更是已经发展多年，拥有兰亭集势无法匹敌的用户量。

对兰亭集势来说，进一步开拓海外市场十分困难。全球速卖通的平台佣金只要 3%，但兰亭集势在 eBay 和亚马逊上的佣金要 10%，而自己的平台又未能积累大量用户。

（3）内部平台管理混乱，未形成固定用户群体

兰亭集势虽然拥有很强的供应链体系，但是没有形成固定的用户群体。主要有两方面的原因：一是兰亭集势本身以销售廉价产品来获利，没有品牌效应，客户黏性不够。当出口廉价商品被越来越多的商家盯上之后，兰亭集势就无法保证销售额了。二是兰亭集势的服务较差，口碑不佳，回头客很少。

（4）营销手段和仓储问题

在营销手段上，兰亭集势主要通过购买 Google AdWords 和 SEO 进行广告引流。但是，随着谷歌算法的变化，获取流量越发困难；而且，品牌回购率低的网站，需要不停地加大广告投入来赢取新用户，如此一来，成本自然上升。商品定位和品牌定位决定了兰亭集势只能销售低毛利的产品，需要花费很多的营销费用去引流；兰亭集势也没能储备优势资源，一直没有找到新的卖点，没能构筑起自己的护城河，失去了发展机遇。

在仓储上，兰亭集势的海外仓储物流建设遭遇税务方面的问题，而且品类扩张过快，SKU 太多，也给自身带来很大压力。

二、宁波豪雅进出口集团有限公司

（一）集团简介

宁波豪雅进出口集团有限公司（以下简称“豪雅集团”或“公司”）于 1998 年 3 月 2 日在宁波市工商局保税区（出口加工区）分局登记成立，创立人是吴威先生。豪雅集团是一家以创新科技为驱动，秉持并发扬宁波外贸精神的跨境电商零售企业，始终倡导高性价比产品，坚守品质经济的生活理念。公司经营的产品涵盖家具、家电、汽配、运动器材、户外用品、工具、宠物用品、箱包、婴童用品等 20 余个品类，能够全方位满足消费者的生活需求。经过二十余年的拼搏跨越，已成为长三角地区跨境电商出口的龙头企业。

2011 年，公司主营业务从传统外贸向跨境电商转型。通过多平台合作和自主研发的信息化系统，公司的跨境电商业务快速发展，日均订单量超 2.3 万单。2019 年，豪雅集团荣获 eBay 大中华区销售第四名，沃尔玛平台线上销售位居全美第二。目前，豪雅集团已经在北美、西欧和东欧地区创立了 6 家分公司，陆续在美国、英国、德国等国建立了 15 个自营海外仓，总面积达 20 万平方米，拥有海内外员工 1000 余名，覆盖 11 个国家的零售市场。

2020 年第一季度，在新冠肺炎疫情冲击下，我国外贸经受了前所未有的挑战，宁波作为外贸大市首当其冲。2020 年第一季度，宁波市进出口总额为 1842.2 亿元，同比下降 10.3%，但同期跨境电商进出口额为 296.4 亿元，反而同比增长 2.1%。在全市外贸受挫的情况下，跨境电子商务顶住压力，创下佳绩。作为宁波市跨境电商龙头企业的豪雅集团也有很好的表现，主要归功于豪雅集团的“海外仓备货”模式。

豪雅集团被评为浙江省电子商务促进会副会长单位、宁波市跨境电子商务协会常务会长单位，并获得“浙江省重点跨境电子商务服务企业”“浙江省电子商务行业贡献奖”“浙江省电子商务百强企业”“宁波市最具影响力跨境电商企业”“宁波市跨境电商优秀海外仓企业”等荣誉。

（二）豪雅集团的转型升级之路

2008 年国际金融危机之时，豪雅集团意识到，在海外客户把控销售渠道并主导定价权的局势下，公司面临着订单减少、货款支付延误的问题。为了改变这种受制于人的局面，豪雅集团把传统外贸平台前移，积极在海外建立本地化销售团队，租赁海外物流仓库，开发本地化批发渠道。但是，这些举措一直受制于各种主客观因素，如市场荣誉问题、进口清关问题、品牌影响力等。豪雅集团意识到，要想输出“中国产品和品牌”，必须要做进一步的市场推广并进行长期投入。

虽然转型过程困难重重，但是豪雅集团从来没有放弃。2008—2011 年，豪雅集团接触到很多从事跨境电商零售业务的客户，这些客户一直在增加的业绩让豪雅集团意识到了跨境电子商务零售的潜力。在进行大量的海外调研和科学的战略规划之后，豪雅集团终于在 2011 年“触网”，步入了跨境电子商务时代。

1. 豪雅集团转型升级的起点：占位销售渠道

2011 年开始，豪雅集团依托 B2C 模式，从采购运营、仓储、发货等关键环节入手，加大投入力度，入驻亚马逊、eBay 等知名第三方网络零售平台并依托公司自建站进行产品零售。此外，公司还致力于开发高性价比的产品，提升线上线下的服务质量，加快物流快递速度。科学的战略举措让公司运营的网络店铺成为跨境网络零售平台上的明星店铺，其自建站也凭借更优的设计、更贴近当地需求等优势，在北美、西欧等地获得了首批“忠实客户”。这让公司的多渠道发展战略走得更加坚定。

2. 豪雅集团转型升级的基础：提升客户体验

2012 年开始，为了解决消费者在购物中遇到的问题，给消费者带来更好的购物体验，豪雅集团汇聚了来自全国各大知名高校的外语类人才，并招募熟悉本土消费文化的外国人才，打造了一支精通多国语言的客服团队。客服团队全年 365 天、每天 16 小时在线，努力解决消费者遇到的各种购物问题。

此外，豪雅集团拥有非常发达的海外仓储物流中心，还自主研发了企业资源计划（Enterprise Resource Planning，ERP）、仓库管理系统（Warehouse Management System，WMS）、客户关系管理（Customer Relationship Management，CRM）等信息化管理系统，能够将订单快速分配到公司的海外仓储物流中心。同时，豪雅集团与众多国际知名快递物流公司达成了战略合作，不断优化配送服务，让“最后一公里”不再是服务难题。这些先进且全面的 IT 系统也让豪雅集团可以满足不同消费者的个性化需求。

豪雅集团致力于拉近工厂和海外消费者的距离，使产品销售渠道“扁平化”。豪雅集团会在第一时间将顾客在亚马逊、eBay 等电商平台提出的产品方面的建议反馈给工厂，让工厂更了解消费者的需求，从而对产品的性能进行优化。

3. 豪雅集团转型升级的核心：整合供应链

豪雅集团在 2006 年引入信息化管理系统，并培养了一支专业的 IT 研发团队，致力于打通产品设计、生产、出运、报关、仓储、销售、配送和售后等各个环节，实施产品流、物流、单证流、资金流、信息流“五流合一”的高效管理模式，实现了整体供应链可视化、管理信息化、仓储物流智能化，极大地降低了成本、提高了效率和提升了用户体验。

2020 年年初，突如其来的新冠肺炎疫情让跨境电商出口受到了一定影响，但疫情下依然存在积极的信号，豪雅集团就是在全球疫情下还能实现利润增长的企业之一。原因是豪雅集团把销售渠道的“触角”延伸至了全球各地。“海外仓备货”模式具有很多优点：首先是降低了成本。传统的出口模式需要经过外国进口商、外国批发商、外国零售商三个环节，但是海外仓能够直接将货物成批发送到国外的仓库，产品品类齐全，中间环节少，能够迅速在本地进行销售和配送。其次是产品可以直接通过互联网进行零售，服务当地的消费者。在传统外贸企业受新冠肺炎疫情影响而被迫取消订单或者延迟发货时，“海外仓备货”模式下的跨境电商企业能够牢牢把握住销售渠道，保持订单的稳定运行。

4. 豪雅集团转型升级的跃升：产品研发设计与品牌化

豪雅集团十分重视产品的研发和设计，也重视打造品牌效应。2014 年开始，豪雅集团在国内外募集产品研发和设计方面的人才，并设立了产品研发总部，对海外市场主流销售产品进行科学细分，结合市场上消费者的反馈，不断改进产品。

数据分析团队和产品研发团队也不断关注海外的流行趋势，利用前瞻性的视角和科学的数据反馈，找到商品的特色，并通过组合商品策略，提升商品视觉的传达，加速商品在线运转，实现品牌和销售业绩的双赢。目前，豪雅集团的在售商品中，自主品牌已经达到 80%。

2011 年之前，豪雅集团只是一家传统的外贸公司，一直走的是“贴牌”之路。2011 年之后，豪雅集团向跨境电商转型，并逐渐建立起自己的销售和营销推广渠道，获取第一手的市场信息，推广自己的品牌和产品设计，最终实现了一家传统外贸公司在“微笑曲线”上的占位与跃升。

（三）豪雅集团转型升级的启示

豪雅集团的转型升级给我们带来占位销售渠道、提升客户体验、整合供应链、产品研发设计与品牌化四个方面的启示。

首先，占位销售渠道是传统外贸企业转型升级的切入点，跨境电商摆脱了传统电商渠道和定价受国际渠道商制约的状态，能够和国际渠道商同台竞争，并打通了与后端生产商的连接。其次，提升客户体验是豪雅集团转型升级的基础，只有拥有强大的客户流，豪雅集团才能在跨境电子商务领域做大做强。再次，供应链整合是传统外贸企业转型升级的基础，强大的供应链体系能够提升各个环节的效率，并且精准掌握市场信息，在促进产品升级的同时，能稳定生产厂商的货源。最后，自主品牌是传统外贸企业转型升级的跃升，外贸企业要获取更高的利润，就要自己研发产品并打造自己的品牌，为升级到“微笑曲线”的顶端提供机会与可能。

三、上海星谷信息科技有限公司

（一）公司简介

2010 年年初，上海星谷信息科技有限公司（以下简称“星谷”）成立，是一家致力于为中国外贸型企业提供海外本土化网络营销渠道的专业性、高成长型的公司。在业内，星谷率先利用整合营销新思路、新方法来重整外贸企业营销渠道。星谷擅长使用科学的数据分析手段和周期性的再营销过程，使营销达到“1+1 > 2”的效果，提高广告主的投资回报率。

星谷的服务对象是外贸型企业。中国的外贸型企业虽然成长性很强，但是数量庞大，规模较小，缺乏专业的复合型人才，资金、资源十分有限，综合实力不强。在全球外贸环境不容乐观的情况下，一些有实力的企业会选择将大量资金投入国内外的会展上，但效果并不好。缺乏网络营销人才导致这些企业的利润并不乐观。

外贸型企业在外贸网络营销方面，一方面希望能够尽可能控制成本，另一方面又希望能够通过专业化、技术化、精准化的营销手段来提升自身的竞争能力。对此，星谷提出了外贸精准整合网络营销的理念。外贸精准整合网络营销服务主要用来帮助客户整合外贸营销中的主流网络营销渠道，例如，谷歌海外本土化搜索、必应（Bing）海外本土化搜索、海外本土化 B2B 平台等，在精准整合网络营销渠道的过程中，通过技术化、科学化的数据分析给外贸企业提供多语种的本土化网络营销方案。

（二）星谷的产品

1. 品牌营销体系

（1）多媒体品牌网站

多媒体品牌网站集文本、音频、图像、图形、动画、视频于一体，是星谷为中国制造业企业量身打造的外贸多语多屏响应式营销网站。适应新媒体发展趋势，网站具有快速响应、承载量大、提升企业品牌等鲜明优势，可以将企业及产品迅速传播至广阔的海外市场。

第一，快速响应。响应式网站的页面设计与开发可以根据用户的行为以及设备环境（系统平台、屏幕尺寸、屏幕定向等）进行相应的响应与调整。无论用户使用的是手机、笔记本还是 iPad，都可以自动切换分辨率、图片、尺寸及相关脚本功能。

第二，承载量大。网站集文本、音频、图像、图形、动画、视频于一体，承载信息资源丰富，可以让海外客户全方位、多维度了解、感知企业、产品及文化。

第三，提升企业品牌。可投向 20 多种语言覆盖的国家或地区，根据上千个浏览者的搜索浏览习惯，通过全球 30 多个主流搜索引擎平台和 30 多个知名 B2B 平台进行强势推广，达到本土渠道广覆盖的目的，迅速建立起企业品牌的美誉度与知名度。

（2）品牌社交媒体

社交媒体凭借其独特的媒介环境优势，在互联网营销领域占据一席之地，是外贸企业开拓海外市场的又一大营销趋势。社交媒体庞大的用户、精准的用户定位及深度互动，可提升企业品牌形象，塑造良好的口碑，获得高质量询盘。

海外社交媒体推广营销有三大要点：首先是建立渠道。让公司品牌的粉丝和公司能以多种方式来（双向）推广自己，如推特、脸书等。其次是开展对话。社交媒体不全由企业控制，允许用户参与和对话。企业需要与客户开展互动和对话，才能达到通过社交媒体寻找客户、开拓海外市场的目的。最后是活动策划。社交媒体引入大量有价值的新闻事件或互动活动来吸引粉丝，并且自然成为再次传播者。

社交媒体营销的目标是为站点带来流量，建立更多指向站点的链接，让消费者认识企业的品牌，促进传播，增加客户。

（3）品牌营销搜索

星谷品牌营销搜索服务团队创立于2010年，服务300余家制造业外贸企业，致力于为中小制造业企业提供领先的搜索引擎营销策略及服务。

品牌营销搜索具有精准性，能够实现多语言本土化营销、社交媒体人群定位营销、大数据营销，并且能够通过网站、内容、主题、情感、营销、自媒体等塑造企业的形象，从而达到高效、低成本的效果。

（4）品牌视频营销

在各种信息载体中，视频因具有丰富的表现力，比文字、图片更加符合人类的信息接收习惯。而随着网络带宽和视频压缩技术等基础技术条件的完善，视频正在成为各种媒体中最常见的形态。营销型视频网站是电商时代社交媒体繁荣发展衍生出的视频营销的产物。

品牌视频营销由多个具有传播力、营销力、公信力、成交力的视频组成，通过网络媒体或与传统媒体组合传播，为企业提供品牌宣传和销售产品的视频营销整体解决方案，具有传播快速、容易理解的鲜明特点。

品牌视频营销具有传播精准、采用病毒营销模式、应用最多、信息量最大、分享简单、成本低廉、效果可测七大优势。

2. 数字化营销体系

星谷的数字化营销体系包括脸书营销、谷歌推广、Yandex推广、优兔推广、外贸营销网站推广、“洲际通3.0”等。

（三）星谷的服务

星谷为企业提供客户咨询、商务拜访、账户开通、专业运营、企业培训、数据分析、广告优化等服务。

1. 客户咨询

①电话咨询，提供全面业务咨询解答；②在线支持，通过微信、QQ等聊天工具，

处理客户业务问题；③邮件咨询，通过邮件处理客户业务咨询问题；④电话拜访，包括效果回访、账户异常通知、提供调整建议、续费通知等。

2. 商务拜访

一天内响应客户拜访要求；提供企业所在行业的分析及诊断；根据客户需求及企业现状，提供专业外贸营销解决方案。

3. 账户开通

企业只需要提交相关注册资料和信息，专业运营人员协助完成账号注册。

4. 专业运营

星谷熟悉外贸企业主要业务，分析客户目标市场；在星谷云平台、广告账户上进行专业运营；在内容策划上做到精细化，不断调整账户以达到良好效果。

5. 企业培训

平台操作培训及经典案例分享，外贸营销推广知识分享与培训，组织优秀企业家分享交流会，组织优秀企业参加星谷云 PK 赛，通过多种渠道进行线上操作培训和演示。

6. 数据分析

采购商销售线索的分析，谷歌、脸书广告、邮件营销数据分析及解读，为客户提供下一阶段营销规划。

7. 广告优化

每周向客户提交数据报表，在数据分析的基础上，调整和优化广告账户。

四、浙江盈世控股有限公司

（一）公司简介

2018 年 1 月 22 日，浙江盈世控股有限公司（以下简称“盈世”或“公司”）成立，总部位于浙江省宁波市，目前拥有总办公面积 2.5 万平方米，其中现代仓储物流系统 1 万平方米。公司设立 30 余个事业部，旗下分设爱凯国际、彼安达等 30 余家子公司，拥有员工近千人。以电商运营为核心、以 IT 技术为优势竞争力，通过智能数字化管理体系，致力于成为一家跨境大数据分析、品牌生态运营与管理、产品研发创新、多渠道营销、全球海外仓布局等全链条覆盖的跨境公司。公司坚持“资本运营 + 产业发展”双轮驱动，结合阿米巴经营模式，实现运营体的高速裂变；坚持可持续性，致力于走专业化、差异化、品牌化的战略发展之路。

（二）公司主营业务

1. 电商运营

盈世专注于跨境电商领域，销售覆盖亚马逊、阿里巴巴国际站、eBay、Wayfair 等国际主流平台，致力于打造优质产品，连接上下游产业端，自主研发设计户外运动、时尚服饰、智能家居等类目，专注于垂直品牌化运营，深度构建以类目为中心的品牌矩阵。

2. 企业孵化

公司充分完善软硬件配套服务，以合股、联营等方式，为优秀创业者、投资者及传统外贸转型企业提供技术辅导、周期培训、办公场地、行业资源等一体化创业服务。通过规模效应，协同中小企业共同达到成本压缩、效率提升、品牌塑造等目的，打造专业化的跨境电商孵化基地，快速孵化大量跨境电商运营体，助力小微企业创业发展。

3. 资本赋能

公司全面打造跨境电商供应链金融合作平台，推进更多试点模式落地。与各大银行、第三方收款平台、国际物流服务商、供应链终端达成深度合作，搭建以满足中小企业需求为主的金融、投资服务平台，提供灵活、安全、便捷的金融服务；设置企业专项资金池，拓展小微企业融资渠道，扶持被融资难、融资贵制约的潜力卖家；不仅快速解决了企业融资问题，还为入驻企业定制“资金管理方案”，利用终端服务商的账期空间实现资本增值。

4. 视觉基地

公司建立“宁波留学生跨境电商生态基地”，打造留学生与跨境电商产业相结合的产业模式，签约国际模特，运用国际视野创造视觉表达，专注于摄影本质，重视高质量的后期制作，将影像美学与营销功能完美结合。以产品拍摄、VI 设计、模特经纪、拍摄指导等业务为主要方向，打造符合跨境电商需求的前沿摄影基地，以高端视觉作品为跨境电商企业提升产品质感与品牌形象。

5. 直播基地

公司建立“宁波留学生跨境电商直播基地”，全面提供跨境电商直播服务，加强与各大平台，如 TikTok、亚马逊、阿里巴巴国际站等的合作，促进跨境电商产业新流量的发展。协助企业培育和完善直播产业链，实现“万物皆可直播”，让新业态转化为数字经济时代的新常态。基地项目范围涉及主播孵化、视频制作、新媒体推广、电商摄影、模特经纪等内容，旨在打造一个集基础建设、设备、场地、产品、信息交流于一体的公共、服务、共享中心。

6. 品牌出海

盈世专注于可持续发展的品牌之路，以产品为核心，深入市场调研，精选供应链，自主研发设计户外、健身、家居等多个类目。公司积极推进品牌化运营战略，在中国、美国、欧洲、日本等多个国家和地区注册商标，打造了40余个品牌矩阵，对标国际品牌，为海外万千家庭提供购物、享受服务的多种选择。

（三）盈世的阿米巴经营模式

阿米巴经营模式是把公司分割成若干个小的阿米巴组织，每个阿米巴都是独立的，能够自行制订计划，全体成员共同努力来达成经营目标。在阿米巴经营模式下，一线的每一名员工都是主角，都能够主动参与企业的经营，并且能够及时根据外部环境的变化作出调整，灵活性很强。

跨境电商企业不仅要面对国内环境的变化，还会受到国际环境的影响，因此非常注重跨境电商人才的引进、保留和激励。盈世就是通过阿米巴经营模式来适应国内外错综复杂的环境，成为跨境电商企业经营管理的典范。盈世的阿米巴经营模式主要体现在以下4个方面。

1. 盈世电商学院

为了培养跨境电商方面的专业人才，盈世成立了盈世电商学院。学院以盈世内部培训为主，包括新员工入职培训、管理层培训、主题培训等内容，通过内部讲师团队，构建了一套完整的培训体系，包括平台实操、管理技能。此外，盈世电商学院还外聘讲师，引进外部优质资源来优化学员的学习路径。盈世电商学院依托卖家核心、搭建趋于完善的跨境电商培训体系，并且以平台、岗位、职能、等级为划分依据，深耕相关课程，联合官方平台促进产业发展。

2. 宁波前洋跨境生态园和昤昽创业基地

2019年10月25日，盈世创立了“宁波前洋跨境生态园”，并逐步完善各方面的配套服务，培养优秀的初级创业者，为遇到“瓶颈”的中级卖家献计献策，并提供创业辅导、行业培训、供应链资源等服务。盈世不仅孵化项目，也孵化人才。对人才进行深度培养，打造专业化的电商孵化基地，推动传统企业向跨境电商企业转型，为现有跨境电商企业提供优化措施。盈世凭借昤昽创业基地，在孵化的各个项目中，选拔跨境电商运营方面的领军人物。

3. 合伙人制分公司

盈世挑选出具有发展潜力的人成为公司合伙人，并实行分公司的快速裂变计划。在分裂新的运营体的过程中，培养新的合伙人，并为每一位员工制定科学、合理、完善的发展晋升途径，从而培养出许多富有经营者意识并能发挥主观能动性的领导者和人才。在短短的两年时间里，盈世的合伙人制分公司已经达到40家，还创造出了4家月销售额达到百万美元的分公司。除了集团总部设有事业部，各个分公司也纷纷成立了自己的事业部。

盈世给一线员工自主解决问题的权力，极大地提高了员工的自主性和积极性，也使公司的运转更加灵活迅速，足以应对跨境电商面临的复杂多变的环境。在合伙人制分公司和人员的综合培训上，积极调动跨境电商人才的积极性、创造力和创业热情，并最终留住了人才。

4. 新型组织业态

合伙人制分公司是盈世的前线战斗单元。为前线战斗单元提供服务的各阿米巴小型组织从人才引进、绩效管理、财务核算、风险控制、供应链整合、备货及发货等方面，全力配合集团业务的推进及订单的处理。这些阿米巴小型组织主要包括供应链服务、物流服务、视觉设计服务、平台数据分析服务、金融服务、技术研发服务等。

盈世借助运营IT化，使各个阿米巴组织的工作成果一目了然，便于公司的绩效管理与财务核算，促使全体员工积极参与经营，形成了支撑跨境电商的生态系统，也搭建了以阿米巴组织为代表的新型组织生态。

（四）盈世阿米巴经营模式的启示

从盈世阿米巴经营模式中，我们可以得出以下启示。

1. 由雇佣制转型合伙人制

合伙人制能够培养人才、留住人才并激励人才，激发跨境电商人才的创业热情，打造的动态型组织也能够及时顺应跨境电商环境的变化。

2. 由传统型企业转型为平台型企业

阿米巴运营模式能够帮助合伙人制分公司更好地运行，企业也可以为各个阿米巴组织提供服务。一旦建立起包含视觉设计系统（摄影基地）、供应链、物流、投资金融、培训学院及创业孵化等模块的跨境电商生态圈，跨境电商企业就成为一个提供各种服务的平台型企业。

课后习题

一、天猫国际案例

1. 为什么取名天猫国际?

2. 天猫国际属于哪种平台类型?

3. 天猫国际的运营模式是怎样的?

4. 天猫国际的跨境物流和支付平台是怎样的?

5. 天猫国际在“品质保障”方面做了哪些努力?

二、敦煌网案例

1. 敦煌网的服务对象是什么?

2. 思考敦煌网的盈利模式。

3. 阐述敦煌网的竞争优势。

4. 敦煌网在非洲市场有哪些项目?

三、亚马逊案例

1. 为什么要取名“亚马逊”?

2. 亚马逊的业务扩张过程是怎样的?

3. 亚马逊平台有什么特点?

4. 亚马逊的战术有哪些特点?

四、eBay 案例

1. eBay 是如何产生的?

2. eBay 的 C2C 运营模式有什么特点?

3. 在 eBay 平台，商品有哪些销售方式?各种方式分别适用于哪些情况?

4. eBay 是如何盈利的?

五、兰亭集势案例

1. 兰亭集势的商业模式是怎样的?

2. 兰亭集势为什么会出现经营困境?

3. 兰亭集势的发展给了我们哪些启示?

六、宁波豪雅集团案例

1. 简述宁波豪雅集团转型升级的背景。

2. 思考宁波豪雅集团在转型升级中做了哪些努力?

3. 宁波豪雅集团的转型升级之路给了我们哪些启示？

七、星谷科技案例

1. 星谷科技有限公司的主营业务是什么？

2. 星谷科技有限公司有哪些产品？

3. 星谷科技有限公司能够提供哪些服务？

八、浙江盈世控股有限公司案例

1. 浙江盈世控股有限公司的主营业务有哪些？

2. 什么是阿米巴模式？

3. 阿米巴模式有哪些特点和优势？

参 考 文 献

[1] 曹蓓蓓 . 从淘宝和亚马逊比较中美电子商务 [J]. 电子商务，2015（4）：3–4.

[2] 陈春花 . 亚马逊的战略头脑 [J]. 商业观察，2017（Z1）：102–105.

[3] 韩一嵘 .eBay ：以平台携手跨境电子商务 [J]. 国际市场，2013（4）：16–17.

[4] 焦昱纬 .Kindle 品牌运营研究 [D]. 重庆：重庆工商大学，2015.

[5] 逯宇铎，陈璇，孙速超 . 跨境电子商务案例 [M]. 北京：机械工业出版社，2019.

[6] 张富梅 . 传统出版业数字出版业务体系的建立与实践 [D]. 北京：首都经济贸易大学，2014.

[7] 张建国 .B2C 电子商务企业运营问题分析与改善 [D]. 天津：天津大学，2013.

[8] 周志丹，徐方 . 跨境电商概论 [M]. 北京：机械工业出版社，2019.